(455e) Vente du 12 au 17 Avril 1880

BELLE COLLECTION

DE

PORTRAITS

D'ARTISTES

PEINTRES, SCULPTEURS, GRAVEURS, ARCHITECTES

Musiciens, Chanteurs, Acteurs

ACADÉMIE

LITTÉRATEURS, SAVANTS, AÉRONAUTES

PAPES, JÉSUITES, JANSÉNISTES, RÉFORMATEURS

PROVENANT DE LA COLLECTION DE M. R...

EXPOSITION PUBLIQUE

Le Dimanche 11 Avril 1880, de une heure à quatre heures.

Me Maurice DELESTRE	M. VIGNÈRES
COMMISre-PRISEUR	Md D'ESTAMPES
rue Drouot, 27	rue de la Monnaie, no 21

PARIS — 1880

1939-50
1746-
2191-
1074-50
905
1080-50

8,936-50

(455e)

CATALOGUE

DE LA BELLE COLLECTION

DE

PORTRAITS

D'ARTISTES

PEINTRES, SCULPTEURS, GRAVEURS

Orfèvres, Architectes

IMPRIMEURS, LIBRAIRES, ÉDITEURS, AMATEURS

MUSICIENS, COMPOSITEURS ET EXÉCUTANTS

Chanteurs, Acteurs

ACADÉMIE

Littérateurs, Savants, Chimistes, Médecins

ASTRONOMES, AÉRONAUTES, MÉCANICIENS

PAPES, JÉSUITES, JANSÉNISTES, RÉFORMATEURS

Célébrités diverses, Suites diverses

PROVENANT DE LA COLLECTION DE M. R...

DONT LA VENTE AURA LIEU

HOTEL DES COMMISSAIRES-PRISEURS

RUE DROUOT, 9, SALLE N° 4

AU PREMIER ÉTAGE

Du Lundi 12 au Samedi 17 Avril 1880

A UNE HEURE PRÉCISE

PARIS — 1880

ORDRE DES VACATIONS

	PREMIÈRE VACATION	
1939 50	Artistes, Peintres, Dessinateurs	Nos 1 à 287
	DEUXIÈME VACATION	
1746	Peintres, Sculpteurs, Graveurs, Architectes, Amateurs, Musiciens	Nos 288 à 578
	TROISIÈME VACATION	
2191	Musiciens, Acteurs, Chanteurs, ACADÉMIE...	Nos 579 à 879
	QUATRIÈME VACATION	
1074 50	ACADÉMIE, Littérateurs	Nos 880 à 1174
	CINQUIÈME VACATION	
905	Savants, Médecins, Astronomes	Nos 1175 à 1461
	SIXIÈME VACATION	
1080 50	Aéronautes, Papes, Jésuites, Jansénistes, Célébrités diverses	Nos 1462 à 1738
8,936 50		

Nous avons suivi scrupuleusement le classement de M. R...

Tous les portraits (sauf la dernière série) sont montés sur cartonnet bleu, plusieurs sont montés comme dessins avec filets d'or.

Les vacations étant très-chargées,

M. Vignères se réserve le droit de réunir des numéros pour abréger la vente.

M. Vignères, chez lequel se distribue le Catalogue, étant chargé de la vente, remplira les Commissions.

827 catalogues aff. à 20c	165 40		8936
Honoraires 10 %	893 65		
34 Mains chemises à 1f50	51 ..		
39 Montages	5 ..		
Voiture 3 Nov. 1879, 8 portes	2 ..		
— 24 Decemb. à l'heure, 10 portes	5 50		
— 15 avril 1880 aux Dernières lettres	1 70	1,124 25	
100 affiches et affichage, colombier		53	
Insertions au Moniteur des Ventes		42 20	
Declaration de Vente		2 20	
Timbre du Proces Verbal		18 ..	
Enregistrement		224	
Versement en Bourse commune		281 70	
Honoraires de Mr Delestre		281 70	
Clerc et Crieur		72 ..	
Location de la Salle de 7 jours		216 20	
Transport à l'hotel		10	
7 jours de Commissionnaire		35 10	
Pour Supplement de travail		60	
900 Catalogues		1,300	
Enregistrement de la Décharge		3 75	
		3,724 10	
Frais 36.45 % } Deduire 5% des acquereurs		446 85	3,277 2
			5,659 2

(455e) CATALOGUE

ARTISTES

PEINTRES, DESSINATEURS

1 **ALDEGREVER**. Lith. in-4, d'ap. une peinture à l'huile par lui-même, marge in-fol., rare.

2 **ALLEGRI** (Ant.) dit Corrège, fondateur de l'école Lombarde, grand in-fol., par *Ravenet*, — monté dessous, le même petit in-4, par *Cecchi*. 2 p.

3 **ALLORI** (Cristoforo), d'ap. lui-même, par *Costa*, petit in-4. Superbe ép., grande marge.

4 **ARPINO** (Chevalier d'). Petit in-4, par *C.-V. Normand*. Superbe ép. d'artiste sur Chine, avec dédicace à M. Dien, signée. Grande marge.

5 **ASTRUC** (Zacharie). Eau-forte in-4, par *Bracquemond*. Superbe ép., avant toute lettre, sur Japonais.

6 **BARKER**. Inventer and Painter, of the panorama, d'ap. *Allingham*, par *Flight*, manière noire, in-fol. Grande marge, superbe.

7 **BASSANO** (Iacopo). Petit in-4, d'ap. lui-même, par *Barni*. Superbe ép., grande marge.

8 **BEAUMONT** (Claude-François de), d'ap. *Boucheron*, par *Valperga*, petit in-fol. Superbe ép., marge.

9 **BELLANGÉ** (Hyp.). Lithog. in-4, par *Emile Lassalle*, 1840 ; pour la Galerie de la Presse, marge.

10 **BELLE** (Alexis-Simon), d'ap. lui même, par *Tardieu* ; fils, in-8. Superbe ép. avec l'adresse d'Odieuvre.

11 **BELLINI** (Giovanni). Petit in-4, d'ap. lui-même, par *S. Richard*. Superbe ép., très-grande marge.

12 — Le même de profil à gauche *fac-simile* du dessin dans la collect. de Monseig. le duc d'Aumale.

13 **BERAIN** (Ioannes), d'ap. *Vivien*, par *Suzanne Silvestre* et *Cl. Duflos*, in-fol. Très-belle ép.

14 **BERTIN** (Nicolas), né à Paris, d'ap. *De Lien*, par *Bernard Lépicié* pour sa réception à l'Académie 1740 ; in-fol. Superbe ép., marge.

15 — Le même, *fac-simile* d'un dessin au crayon, par *Watteau*, dans la collect. de Monseigneur le duc d'Aumale.

16 **BINCKIUS** (Iacobus) et graveur, petit in-4. Très-belle ép.

17 **BLANCHARD** (Jacques), d'ap. lui-même, par *Edelinck*, petit in-fol., pour les grands hommes de Perrault. Superbe ép., marge.

18 **BOISSIEU** (J.-J. de), tenant le portrait de sa femme, 1er état d'une des belles pièces du maître, eau-forte. Superbe ép., grande marge.

19 **BOISSIEU** (J.-J. de), graveur, in-4, par un anonyme. Superbe ép.

20 **BONAROTA** (Michael Angelvs), ovale orné, in-4, par Georges *Ghisi* Mantuan. Très-belle ép.

21 — Michel-Ange, d'ap. lui-même, par *Potrelle*. Superbe ép. marge — monté dessous. Profil, grand in-8, marge. 2 p.

22 **BOSCOLI** (Andrea), d'ap. lui-même, par *Silvestre*, petit in-4. Superbe ép., grande marge.

23 **BOSIO** (François), sculpteur, lithog. in-4, par *J. Boilly*, pour l'Institut. Superbe.

24 **BOUCHER** (François), d'ap. *Roslin*, par *L. Bosse*, in-4. Très-belle ép.

Bis

25 **BOULLONGNE** (Bon de), d'ap. lui-même, par Jacques-Nicolas *Tardieu*, 1756; in-fol. Superbe ép., marge.

26 **BOULONGNE** (Louis de), le père, d'après *Mathieu*, par Louis *Surugue*, en 1735, pour sa réception à l'Academie, in-fol. Superbe ép., marge.

27 **BOULLONGNE** (Louis de), d'ap. *Rigaud*, par *Lépicié*, 1735, grand in-fol. Superbe ép., grande marge.

28 **BOURDON** (Sébastien), d'ap. lui-même, par Laurent *Cars*, pour sa réception à l'Académie, en 1733; in-fol. Très-belle ép., avant toute lettre.

29 — Le même, avec la lettre. Superbe ép.

30 — La Figure du même, *fac-simile* d'un dessin par lui-même, dans la collect. de Monseigneur le duc d'Aumale.

31 **BRAND** (Chretien), dessiné et gravé par Adam *Bartsch*, ovale in-4, beau portrait. Superbe ép., grande marge.

32 **BREEMBERG** (Bartolome), né a Utrecht, 1620-1660. Eau-forte, in-4.

33 **BRENET** (Nicolas-Guy), né à Paris, profil à gauche, in-4, d'ap. *Cochin*, par *Miger*. Très-belle ép.

34 **BROWER** (Adrianvs), d'ap. *Van Dyck*, par *S.A. Bolswert*. Petit in-fol., superbe ép., marge.

35 **BRUYN** (Corneille de), d'ap. *Kneller*, par *Valck*, petit in-fol.

36 **BUONACCORSI** (Pietro), d'ap. lui-même, par *Levi Pollacco*. Petit in-4, avant la lettre, sur Chine. — Le même, avec la lettre. 2 p. Superbes.

37 **CALLOT** (Iacobvs), d'ap. *Van Dick*. Superbe ép., avec *Mart. van den Enden excudit privilegio*. Petit in-fol., marge.

38 **CALOT** (Jacques), graveur. *Jac Lubin sculp.* Petit in-fol., pour les grands hommes de Perrault. Superbe ép., marge, — monté dessous, in-8, d'ap. lui-même, entourage orné. Très-belle ép., marge. 2 p.

39 **CARACCI** (Annibale), d'ap. lui-même, par *Della Bruna*. Petit in-4, superbe ép., grande marge, — monté dessous, grand in-8, par *Clowet*, avec l'adresse, marge. 2 p.

40 **CARACCI** (Agostino), d'ap. lui-même, par *Rivera*. Petit in-4, superbe ép., grande marge. — Monté dessous, grand in-8, par *Simon*, avec l'adresse. 2 p.

41 **CARACCI** (Lodovico), d'ap. lui-même, par *Marri*. Petit in-4, superbe ép., grande marge.

42 **CARON** (Ant.), 1592, *fac-simile* de dessin, par *Riffaut*, pour la collect. de portraits français, in-fol., en couleur.

43 **CARPACCIO** (Vittore), Vénitien, *fac simile* de dessin dans la collection de M. le duc d'Aumale.

44 **CAZES** (Pierre-Jacques), de Paris, d'après *Aved*, par *Le Bas*, 1730; in-fol. Très-belle ép., marge.

45 **CHAMPAGNE** (Philippe de), d'après lui-même, par *Ph. le Febvre*, in-8.

46 **CHARDIN** (Jean-Baptiste-Siméon), d'après lui-même, par *Chevillet*, in-fol. Superbe ép., marge.

47 — Le même, profil à droite, in-4, d'ap. *Cochin*, par Lau. *Cars*. Très-belle ép.

48 — Fra. Marg. **Pouget**, sa femme, in-4, d'ap. *Cochin*, par *Cars*. Superbe.

49 **CHARLET**, de profil à droite, gravé au vernis mou par lui-même, in-4. — De profil à droite, lithog. par lui-même, in-4. — De trois quarts à droite, lithog. par son ami *Dupré*, in-4. — Médaille procédé Collas, profil à droite, d'ap. *David*, rond in-4. — A Charlet, le peuple, 30 décembre 1845. Dedié à Mme veuve Charlet, composition in-fol., lithog. par *Bellangé*, 1846. 5 p. Superbes.

50 **CHAUDET**. Lithog. in-fol., par *Belliard*. Superbe.

51 **CHENAVARD**, in-4, par *Masson*. Très-belle ép. sur Chine, toute marge.

52 **CODOWIEKI** (Daniel). Le Génie montre son nom, in-8, par *Schellenberg*, profil à droite. — **Chodowiecki** (D.), d'ap. *Zingg* par *Geysser*, profil à gauche, in-8. — Monté dessous, ovale in-8, de face. *Meno Haas*, 3 p. Très-belles ép.

53 — Cabinet d'un peintre, par *D. Chodowiecki*, toute la famille, grand in-4. Superbe ép. marge, rare

54 **CHOFFARD**. Petit Rond entouré de fleurs, 1er état avant les raies transversales sur la bordure, les retouches à la figure, *P. P. Choffard*, lettre grise seulement, avant la signature en bas. — Le même terminé ; sur la bordure *P. P. Choffard delor et sculpor*, en bas, *P. P. Choffard fecit* 1762. — Son adresse, tablette avec guirlandes de roses. — Son portrait grandi par *Ad. Varin*, in-8, toute marge, en tout 4 p. Magnifiques ép. dont trois très-rares.

55 **CHRISTOPHE** (Joseph), d'ap. *Drouais* par *L. Surugue*, pour sa réception à l'Académie. 1735, in-fol. Superbe.

56 **CIGOLI** (Lodovico), d'ap. lui-même, par *Sivalli*, petit in-4. Superbe ép., grande marge.

57 **COCHIN** (C.-N.), d'ap. lui-même, par *Aug. de Saint-Aubin*, profil in-4. Très-belle ép., marge.

58 **COEBERGER** (Wenceslays), d'ap. *Van Dyck*, superbe ép. avec *Marl vaden Enden excudit cum privilegio*. Marge.

59 **CONTARINI** (Giovanni), d'ap. lui-même, par *Costa*. Petit in-4, superbe ép., grande marge.

60 **CORNELIUS** (Peter V.), d'ap. *Begas* par *Sichling*. Petit in-4, superbe ép., marge.

61 **COROT**, de face, coiffé d'un bonnet, dans un rond, eau-forte de *Grenaud*. — Autre dirigé à droite, tête nue, eau-forte. 2 p. in-4, superbes ép., marge in-fol.

62 **COSTER** (Adam de), d'ap. *Van Dyck*, par *Petrus de Iode*, petit in-fol. avec G. H. Superbe ép., grande marge.

63 **COYPEL** (Antonii), en pied dans son atelier avec son fils près de lui, d'ap. lui-même, par *Duchange*, in-fol. Superbe ép., grande marge.

64 — (Antoine), d'ap. lui-même, par *J.-B. Massé*, pour sa réception à l'Académie (1717), in-fol. Superbe ép., marge.

65 — (Antonius), d'ap. *Netscher* par *Sarrabat*, manière noire, petit in-fol. Très-belle ép., marge.

66 **COYPEL** (Charles), d'après lui-même, par *Balechou*, in-fol. Très-belle ép.

67 **COYPEL** (Noel), d'après lui-même, par *J. Audran*, pour sa réception à l'Académie (1708). Superbe ép. in-fol., marge.

68 **CRANACH** (Luca), d'ap. lui-même, par *Clerici*, petit in-4. Superbe ép., toute marge.

69 **CRAYER** (Gaspar de), d'ap. *Van Dyck*, par *Paul du Pont*, petit in-fol. Superbe ép., petite marge.

70 **CRESTI** (Dom^e^). D^t^ il Passignano d'ap. lui-même, par *Polacco*, petit in-4, superbe ép., grande marge.

71 **DAGUERRE**. Lithog. in-4. Galerie de la Presse. — ***Niepce*** de Saint-Victor. Heliographic Engraving, petit in-4, 2 p.

72 **DAMMESZ** (dit **LUCAS DE LEYDE**), profil d'ap. lui-même, par *Fosella*, petit in-4. Superbe ép., grande marge. — Monté dessous, ***Lucas de Leyde***, in-8, de la suite d'Odieuvre, marge, 2 p.

73 **LEYDA** (Lucas de), d'ap. lui-même, par *Stokius*, in-4. Très-belle ép.

74 **DANDRÉ BARDON**, d'ap. *Roslin*, par *Moitte*, grand in-4. Très-belle ép.

75 **DAUBIGNY**, 1862. Eau-forte, par *Chaplin*. Superbe ép. sur Chine.

76 **DAVID** (J.-Louis), d'ap. *Rouget*, par *E. Bourgeois*, à mi-corps, petit in-fol., marge. — Monté dessous, le même, lithog. in-4, par *J. Boilly*, pour l'Institut. 2 p. superbes.

77 **DAVID** (L.), peint à Bruxelles, par *Navez*, et gravé par *Potrelle*, grand in-4. — Monté dessous, le même, ovale in-8. Collect. *Bonneville*. 2 p. superbes.

78 **DEBUCOURT** (P.-L.), graveur en couleur, né à Paris. In-8, par *Ad. Varin*, marge in-4, superbe.

79 **DECAMPS**, d'ap. lui-même, par *Masson*, in-4 sur Chine. Très-belle ép.

80 **DELACROIX** (Eug.), d'ap. lui-même, par *Alf. Robaut*, auto-lith. in-4, superbe ép. (89). Tiré à cent ex., toute marge.

81 — Avec les mains, gravé en ovale in-4, superbe ép. avant la lettre sur Chine, toute marge.

Bis

82 — Avec une main, très-grand in-8, par *Masson*. Très-belle ép.

83 **DELAROCHE** (Paul). Grand in-4 avec fac-simile de signature. Superbe ép.

84 **DENON** d'ap. *Isabey*, à l'eau-forte, par lui-même. — Monté dessous, petit profil par *Dutertre*. — Lithog. in-4, par *Jules Boilly*, pour l'Institut. 3 p. très-belles.

85 **DERUET** (Claude) en pied, et son fils portant une arquebuse. Petit in-fol. par *J. Callot*. 1er état (Meaume 505). Superbe ép., très-rare.

86 **DESCAMPS**, de Rouen, grand in-8, par *Chevillet*. Avant la lettre.

87 **DESPORTES** (François), d'ap. lui-même, par *Joullain*, grand in-fol. Superbe.

88 **DE TROY** (François), d'ap. lui-même, in-fol., par *J.-B. Poilly*, pour sa réception à l'Académie. — Montés dessous, le même, in-8, suite de *Desrochers*, chez Petit; — chez Daumont, 3 p. superbes, avec marges.

89 **DE TROY** (Franciscus), d'ap. lui-même, par *Bouys*, manière noire, in-fol. Très-belle ép.

90 **DE TROY** (Jean), d'ap. *François de Troy*, par *Simon Vallée*, in-fol. Superbe ép., marge.

91 **DE TROY** (Jean-Baptiste-François) fils, d'ap. *Aved*, in-fol. par *N. De Launay* pour sa reception à l'Académie en 1789. Superbe ép. avant la lettre, les noms à la pointe, grande marge.

92 — Le même, avec la lettre. Très-belle ép., marge.

93 **DE TROY** (Jean-Baptiste-François) fils, profil d'ap. *Cochin*, par *Rousseau*, in-4. Superbe ép. avant toute lettre, marge.

94 **DEVERIA** (Achille), dessinateur-lithographe, à mi-corps, lithog. par lui-même, in-fol. Superbe ép. sur Chine, avant toute lettre, *Pour mon ami Sauvageot, A. Deveria*, dédicace au crayon, très-rare.

95 **DIAZ**. Très-grand in-8, par *Masson*. Superbe ép., toute marge.

96 **DIETTERLIN** (Wendelinys), gravé par lui-même, pour Frontispice de son œuvre d'ornements d'architecture. Petit in-fol.

97 **DILLIS.** In-fol. avec bordure carrée et tablette blanche, non terminé, 1er état, monté dessous. — Dessus, le même terminé, la bordure effacée. 2 p. superbes ép., marge, avant toute lettre.

98 **DOMENICHINO**, d'ap. lui-même, par *Livi*. Superbe ép., petit in-4, toute marge.

99 **DU FRESNOY** (Carolus Alfonsus). Eau-forte in-4, par *Roger de Piles*. Très-belle ép.

100 **DUGARNIER**, gravé par *Samuel Bernard*, in-4. Superbe ép. avant la lettre.

101 **DEL MONT** (Deodatvs), d'ap. *Van Dyck*, par *Vorsterman*, avec G. H., superbe ép., petit in-fol., grande marge.

102 **DUMONT** (F.), amateur. Société académique des enfants d'Apollon, d'ap. *Cochin*, par *Aug. de Saint-Aubin*, in-8. Superbe ép. marge.

103 **DU MONT** (Jacques) le Romain, profil in-4, d'ap. *Cochin*, par *Aug. de Saint-Aubin*, superbe ép., marge.

104 — d'ap. *De Latour*, par *Flipart*, in-fol., superbe ép., grande marge.

105 **DUPLESSI-BERTAUX** (J.), dans son atelier, in-8, par lui-même, marge ; — ovale lithog. in-4, par *Froment*, 2 p.

106 **DURERI** (Alberti), par And. *Stock*, 1er état avant l'adresse de Witt. Superbe ép. in-4.

107 — Albrecht), d'ap. lui-même, par *F. Forster*, petit in-fol., superbe ép.

108 — (Alberto), d'ap. lui-même, par *Steinla*, petit in-4. Superbe ép., grande marge.

109 — (Albert), d'ap. *Rotenhamer*, par *Verhelst*. — Sa maison à Nuremberg, par *Échard*, 1816, 2 p.

110 — Vue de Nurnberg, grand in-fol. coloriée. — Fontaine. — Notre-Dame. — Maison dite des Nassau. — Porte des Fiancés, église de Saint-Sebald. — Vue Sud-Ouest. — Détails du presbitère, 7 p. dont 3 sur Chine.

111 **DUTERTRE**, petit profil à l'eau-forte, par lui-même, graveur des portraits pour l'ouvrage: l'Égypte.

112 **EISEN** (Charles), par *Ficquet*, d'ap. *Vispré*, in-12. Très-belle ép.

113 **ELZHEIMER** (Adamo), d'ap. lui-même, par *Calamatta*, petit-in-4. Superbe ép., toute marge.

114 **EMPOLI** (Jacopo Chimenti da), d'ap. lui-même, par *Fabbrini*, petit in-4, superbe ép., toute marge.

115 **ERTVELT** (Andreas Van), d'ap. *Van Dyck*, par *S. à Bolswert*. G. H. gratté sur l'estampe ; le cuivre porte huit millim. en haut et sur les côtés. — Le même, le cuivre réduit à trois millim. G. H. est au bas. 2 p. superbes ép., petite marge.

116 **FORBIN** (Comte de). Louis-Nicolas-Philippe-Auguste. Lithog. in-4, par *J. Boilly*, pour l'Institut. Superbe.

117 **FRAGONARD** (J. Honoré), par *Ad. Varin*, in-8. Superbe ép., marge in-4.

118 **FREMIN** (René), d'ap. *de Latour*, par *Pierre-Louis Surugue* le fils, pour sa réception à l'Académie, en 1747. Très-belle ép. avant toute lettre, marge in-fol.

119 — Le même, avec la lettre, grande marge.

120 **FREMINET** (Martin). Fac-simile du dessin dans la collection de M. le duc d'Aumale.

121 **GALLOCHE** (Louis), d'ap. *L. Tocqué*, par *J.-G. Muller*, pour sa réception à l'Académie en 1776. Superbe ép. in-fol., grande marge.

122 **GERARD** (Baron). Deux Portraits à différents âges, profil in-4 avant toute lettre sur Chine, toute marge, superbes.

123 — (Baron François), d'ap. *Mademoiselle Godefroid* 1835, par *C.-V. Normand*, 1857, avec encadrement carré, grand in-4 superbe.

124 **GERICAULT.** Lithog. in-4. — Mort de Géricault, d'ap. *Scheffer*, lithog. par *H. Garnier*, in-fol. 2 p. sur Chine, superbes.

125 **GEYN** (Iacobus de) et sculpteur, in-4. *Hondius ex*, 1610. Superbe.

126 **GILLOT** (Claude), d'ap. lui-même, par *J. Aubert*, in-fol. Très-belle ép., marge.

127 **GIRODET-TRIOSON** (Anne-Louis). Lithog. in-4, par *J. Boilly*, pour l'Institut. Superbe.

128 **GOLTZIUS** (Henri), fac-simile du dessin dans la collect. de M. le duc d'Aumale.

129. **GRAFF** (Anton.), d'ap. lui-même, par *J.-G. Muller*. Très-belle ép. avant la lettre, in-fol., marge. — Monté dessous, in-8, par *Berger*, 2 p.

130. **GRANDVILLE**. Lithog. in-4, par *Émile Lasalle*, pour la Galerie de la Presse. Superbe ép. rare.

131. **GRAVELOT** (Hubert), d'ap. *La Tour*, par *J. Massard*, in-4. Très-belle ép., marge.

132. **GREUZE** (Jean-Baptiste). Profil d'ap. lui-même, par son ami *J.-J. Flipart*, 1763, in-4. Eau-forte pure. — Monté dessus, superbe ép. terminée, marge. 2 p.

133. **GREVEDON** (H.). Lithographie. In-fol., par *A. Deveria*. Superbe ép. sur chine, toute marge.

134. **GRIMOUX** (Jean), d'ap. lui-même, par *Romanet*. Grand in-4. Très-belle ép., marge.

135. **GROS** (Antoine-Jean), d'ap. lui-même, par *Vallot*, 1840. Grand in-4. Superbe ép. avant la lettre, sur chine, marge.

136. — Lithographie. In-4, par *J. Boilly*, pour l'Institut. — La Médaille de *P.-J. David*, 1832, par le procédé Collas. In-4, 2 p. superbes.

137. **GUÉRIN** (Pierre), né à Paris. Lithog. In-4, par *J. Boilly*, pour l'Institut. Superbe.

138. **HALLÉ** (Claude), né à Paris, d'ap. *Le Gros*, par *N. De Larmessin*, pour sa réception à l'Académie en 1730. In-fol. Superbe ép., marge.

139 **HALLÉ** (N.). Profil à droite. In-4. A Paris, chez Bligny, cour du Manége, aux Thuilleries. — Le même NOEL HALLÉ, peintre du Roy en son Académie royale de peinture et de sculpture. 2 p. superbes.

140 **HÉRAULT** (Carolus). Parisien, d'ap. *De Troy*, par *A. Bouys*, 1704. Manière noire. In-4, superbe. Montée en dessin avec filets d'or.

141 **HERSENT** (Louis). Lithographie. In-4, par *J. Boilly*, pour l'Institut. Superbe.

142 **HOGARTH** (Gulielmus). Un gros Chien est en avant de son portrait qui repose sur des livres, un burin, sa palette sont à côté. In-fol.

143 — (William), en pied assis, il peint la Comédie, 1764. Grand in-fol.

144 **HOLBEIN** (Hans), d'ap. lui-même, gravé par l'école de Toschi. Petit in-4, superbe, grande marge.

145 — D'ap. lui-même, le tableau est au palais de Kensington. In-fol en couleur, par *Cooper*. Superbe.

146 **HONDIUS** (Abraham), d'ap. *C. Eisen*, par *Ficquet*, pour les peintres de Descamps. Superbe ép. avant le texte. Le même avec le texte. 2 p.

147 **HOOGHE** (Romein De), d'ap. *R. Bos*, par *J. Houbraken*, 1733. Superbe ép., marge.

148 **HOUASSE** (René-Antoine), d'ap. *Tortebat*, par *Trouvain*, pour sa réception à l'Academie 1707. Superbe ép., grande marge.

149 **INGRES** à ses élèves. In-fol., par *Calamatta*, 1839. Superbe ép., grande marge.

150 — A mi-corps, par *Masson*, avant la lettre sur chine. In-4. — Monté dessous, par *Masson*. Très-grand in-8, 2 p. superbes.

151 **JEAURAT** (Etienne), d'ap. *Roslin*, par Louis-Simon *Lempereur*, pour sa réception à l'Académie, en 1775. In-fol. Superbe ép., grande marge.

152 **JORDAENS** (Giacomo), d'ap. *Van Dyck*, par *Xolombini*. In-4. Très-belle ép., marge.

153 **JOUVENET** (Jean), d'ap. lui-même. In-fol. en travers, par Antoine *Trouvain*, pour sa réception à l'Académie. Superbe ép., marge.

154 — Ovale in-4 en couleur, par *Sergent*, 1790.— La Pêche miraculeuse. In-4 en couleur, par *Morret*, 2 p. superbes.

155 **KEAN** (Charles), dessinateur du Punch, eau-forte. Petit in-fol. Superbe ép., marge.

156 **LA FOSSE** (Charles De), né à Paris, d'ap. *Rigaud*, par *Duchange*, pour sa réception à l'Académie, 1707. In-fol. Très-belle ép., marge. — Montés dessous le même. In-8, par *Sornique*, avec l'adresse et l'adresse effacée. 3 p.

157 **LARGILLIERRE** (Nicolas De), né à Paris, d'ap. *Geulain*, par Charles *Dupuis*, pour sa réception à l'Académie, 1730. In-fol. Superbe ép., marge.

158 — D'ap. lui-même, par *F. Chereau*, 1715. Grand in-fol. Superbe ép., grande marge.

159 **LA TOUR** (Maurice De). In-8, collect. de *Desrochers*, chez Daumont. — Monté dessus, le Masque de la Tour, eau-forte in-4, par *J. de Goncourt*. Superbe ép., 2 p.

160 — D'ap. lui-même, eau-forte de *L. Flameng*, d'ap. le pastel du cabinet de M. Lagrange. In-4. Superbe ép., toute marge.

161 **LAURENS** (J.-P.), d'ap. lui-même, par *Didier*. Petit in-4. Superbe ép. avant la lettre, sur chine non fixé.

162 — A mi-corps avec une main, eau-forte. Petit in-fol. Superbe ép., toute marge.

163 **LAWRENCE** (Thomas), d'ap. lui-même, par Samuel *Cousin*, manière noire. In-fol. Très-belle ép., grande marge.

164 **LEBARBIER** (Jean-Jacques-François), lithog. In-4, par *J. Boilly*, pour l'Institut. Superbe.

165 **J. L. B.** Le Barbier de Valbonne, en costume militaire de fantaisie et fumant. Petit in-fol. d'ap. *Isabey*, par *Aubertin*. Superbe ép., marge.

166 **LE BRUN** (Charles), par *Jac. Lubin*. Petit in-fol. pour les Grands Hommes de Perrault. Superbe ép., marge.

167 — (Carlo), d'ap. lui-même, par *Bedetti*. Petit in-4. Superbe ép. avant la lettre sur chine, toute marge.

168 — Le même avec la lettre. Superbe ép., toute marge.

169 **LE CLERC** (Sébastien), dessinateur et graveur, d'ap. *De la Croix*, par *Dupin*, — par *Jeaurat*. 2 p. in-8. Superbes ép., marge.

170 — D'ap. *Nonnotte*, par *N. De Launay*. In-fol. Superbe ép. avant la lettre, grande marge.

171 **LEFEBVRE** (Jacob). Fac-simile du dessin dans la collection de M. le duc d'Aumale. In-fol.

172 — Tenant un porte-crayon, fac-simile. Petit in-fol du dessin dans la collection de M. le duc d'Aumale.

173 **LEGROS**. Eau-forte, par *Bracquemont*. Petit in-4 sur japonais. Superbe ép. avant la lettre.

174 **LEONI** (Ottavio), d'ap. lui-même, par *Cecchi*. In-4. Très-belle ép., marge.

175 **LE SUEUR** (Eustache), né à Paris, par Charles-Nicolas *Cochin*, pour sa réception à l'Académie, 1731. Superbe ép. in-fol., grande marge.

176 — D'ap. lui-même, par *Van Schuppen*. Petit in-fol. pour les Grands Hommes de Perrault. Superbe ép., marge.

177 **LETHIERE** (Guillaume Guillon), lithog. In-4, par *J. Boilly*, pour l'Institut. Superbe.

178 **LIOTARD** (I.-E.), par lui-même, effet clair-obscur sans sacrifice. In-4, rare.

179 **LIVENS** (Ioannes), d'ap. *Van Dyck*, par *Vorsterman*, avec G. H. Superbe ép. Petit in-fol., grande marge.

180 **LOUW** (Pieter). Manière noire. Petit in-4. Superbe ép. avant toute lettre, marge.

181 **MANET**. Eau-forte, par *Bracquemont*. Petit in-4. Superbe ép. sur chine, toute marge.

182 **MANOZZI DA S. GIO** (Giovanni), d'ap. lui-même, gravé dans l'école de Calamatta. Petit in-4. Superbe ép., toute marge.

183 **MARATTI** (Carolus-Eques), d'ap. lui-même, par *J.-J. Frey*. In-fol. Très-belle ép., marge.

184 **MARILHAT**. Lithog. In-4 sur chine, marge. In-fol. superbe.

185 **MASACCIO**, d'ap. lui même, par *Vibert*. Petit in-fol. Superbe ép., marge.

186 **MASSÉ** (J.-B.). Profil à droite. In-4, eau-forte pure avant toute lettre. — Terminé d'ap. *C.-N. Cochin* le fils. 2 p. très-belles.

187 — D'ap. *Tocqué*, par *J.-G. Wille*. Grand in-fol. Superbe ép., marge.

188 **MAZZUCCHELLI** detto **MORAZZONE** (Pier.-Franç.), d'ap. lui-même, par *Marchesi*. Petit in-4 avant et avec la lettre, 2 p. superbes et toute marge.

189 **MEISSONIER** (E.), d'ap. lui-même, par T. C. *Regnault*. Petit in-8. Superbe ép., marge.

190 **MELLAN** (Claude), et graveur, par lui-même. In-4. — Le même, la planche réduite avec l'adresse d'Odieuvre, 2 p. Très-belles ép., marge.

191 — Par *Edelinck*. Petit in-fol. pour les Grands Hommes de Perrault. — In-8, par *Lepicié*, marge. 2 p. très-belles.

192 **MENGS** (Antonio-Rafaël), d'ap. lui-même, par *Carmona*. Petit in-fol. Superbe ép., marge.

193 — D'ap. lui-même, par *Sintzenich*. In-4 en couleur, monté en dessin, avec filet d'or. Superbe.

194 **MERYON** (Charles), graveur à l'eau-forte, sur son lit. Petit in-fol. Très-grande marge.

195 **MESSIS** (Quintino), d'ap. lui-même, par *Antonio Dalco*. Petit in-4. Superbe ép., toute marge.

196 **MEYNIER** (Charles). Lithog. In-4, par *J. Boilly*, pour l'Institut. Superbe.

197 **MIERIS** (Frans), d'ap. lui-même, par *Blooteling*, manière noire. In-4, Très-belle.

198 **MIGNARD** (Niccolo), par *Cecchi*. In-4. Belle ép.

199 **MIGNARD** (Pierre), d'après *Rigaud*, par *Ficquet*. In-8. Très-belle ép.

200 — D'ap. lui-même, par *Vermeulen*. Grand in-fol. Superbe.

201 **MILDER** (Ioannes Van), d'ap. *Van Dyck*, avant la seconde ligne et le nom de *Vorsterman*, et avec *Mart. van den Enden excudit*. Superbe ép. Petit in-fol.

202 — Le même avec la ligne, le nom et après l'adresse effacée. Superbe ép., grande marge.

203 **MOLITOR** (Martin Von), d'ap. *Abel*, par *Bartsch*, 1812. Rond petit in-fol. Superbe ép., marge.

204 **MONNIER** (H.). Lithog. In-4, par *Gavarni*, pour l'artiste. Très-belle ép.

205 **MONOYER** (Jean-Baptiste), peintre en fleurs, d'ap. *Kneller*, par *Aveline*. In-fol. Très-belle.

206 **MONVOISIN** (R.-Q.), d'ap. lui-même, par *Geoffroy*. In-4. Superbe.

207 **MURILLO** (Bartolomé De), par *Carmona*. Petit in-fol., grande marge.

208 **NANTEUIL** (Célestin). Eau-forte, par *Chaplain*, tenant un porte-crayon, la main appuyée. Superbe ép. Petit in-fol., toute marge.

209 **NATOIRE** (Charles). Fac-simile, d'ap. la peinture dans la collect. de M. le duc d'Aumale.

210 **NOCRET** (Jean), d'après lui-même, par *Suzanne Silvestre*. In-fol. Très-belle ép., petite marge.

211 **ODEVAERE** (Joseph), d'ap. *Diez*, par *De Vlamynck*. In-fol. Superbe.

212 **OUDRY** (Jean-Baptiste), d'ap. *De Largillierre*, par *J. Tardieu*. In-fol. Très-belle ép. montée en dessin avec filets d'or.

213 **PAPETY** (Dom.), d'ap. *Hébert*, par *Normand*. Petit in-fol. Superbe ép., toute marge.

214 **PARROCEL** (Joseph), d'ap. *Rigaud*, par *J.-G. Will*, en 1744. In-fol. Superbe ép., toute marge.

215 — In-8, par *Schmidt*, avec l'adresse d'Odieuvre et l'adresse effacée. 2 p. Superbes ép., marge.

216 **PEPYN** (Martinvs), d'ap. *Van Dyck*, par *S.-A. Bolswert*. Superbe ép., petite marge.

217 **PESNE** (Jean), et graveur, d'ap. lui-même, par *Trouvain*, 1698. In-fol. Superbe.

218 **PETITOT** (Gio.). Petit in-4, par *Eredi*. — Petit ovale, par *Ceroni*. Superbe ép. avant toute lettre sur chine, toute marge. 2 p.

219 **PICART** (Bernard). Le Romain, d'ap. *Des Angles*, par *B. Picard*. Petit in-fol.

220 **PIERRE** (J.-B.-M.), d'ap. lui-même, à l'âge de dix-huit ans. Grand in-4, par *Muller*. Très-belle.

221 — Médaille, d'ap. *Cochin*, par *Watelet*, 1755. — Profil à gauche, d'ap. *Cochin*, par *Aug. de Saint-Aubin*. 2 p. In-4. Superbes.

222 **PIPPI** dit Jules-Romain, d'ap. lui-même, par *Potrelle*. In-fol., marge.

223 **POERSON** (Carolys-Franc.). Eques, d'ap. *N. de Largillière*, par *E. Desrochers*, pour sa réception à l'Académie, 1723. In-fol. Superbe.

224 **PORBUS** (François). Fac-simile de la peinture dans la collect. de M. le duc d'Aumale.

225 **POUSSIN** (Nicolas), par *Pesne*. In-fol. avec *Audran ex*. Très-belle ép., marge.

226 — Petit in-fol. pour les Grands Hommes de Perrault. — Monté dessous. Petit in-4, par *Colombini*. — Monté dessous, par *Clouet*. 3 p.

227 — D'après lui-même, par *Cathelin*. In-fol. Superbe ép., marge.

228 — Grand in-fol., par *Lignon*. — Monté dessous. Petit in-fol., par *Potrelle*. 2 p. Très-belles ép.

229 — De profil à gauche, par *Ferdinand*. Petit in-fol. Très-belle ép.

230 — In-4, par *Pannier*, pour la Gal. de Versailles, avant et avec la lettre. 2 p. très-belles.

231 **PRUDHON** (Pierre-Paul). lith. in-4 par *J. Boilly* pour l'Institut. Très-belle.

232 **QUADAL** (M. F.), tenant son chien ; peint par lui-même, gravé par *Kininger* 1789, manière noire in-fol. superbe ép., petite marge.

233 **QUESNEL** (François), fac-simile du desssin de la collect. de M. le duc d'Aumale.

234 — Fac-simile par *Riffaut* du dessin in-fol. pour les portraits Français.

235 — par *Michel Lasne* petit in-fol. très-belle ép.

236 **RABEL**, in-4 non terminé, très-rare.

237 **REDOUTE** (P. J.). peintre de fleurs, d'ap. *Gérard* par *Pradier* in-4. Superbe ép. marge.

238 **REGNAULT** (Jean-Baptiste-Chevalier) lith. in-4 par *J. Boilly* pour l'Institut. Superbe.

239 **REGNAULT** (Henri). Eau-forte par *Martinez* d'après le buste sur piédouche sur japonais ; — monté dessous, par *Blanchard*, in-8 sur Chine, non fixé. 2 p. superbes.

240 **REMBRANDT** d'ap. lui-même par *Earlom* 1767. Manière noire grand in-fol. superbe ép., avant la lettre.

241 **RENI** (Guido). d'ap. lui-même, par *Errani*, petit in-4. toute marge ; — monté dessous par *Eredi*. 2 p.

242 **RESTOUT** (J.). d'ap. *Restout* fils par *Le Vasseur*, belle ép. in-4.

243 — Profil in-4, par *Cochin* superbe ép., marge.

244 — D'ap. *de La Tour* par *Moitte* grand in-fol. Superbe ép. grande marge.

245 **REYNOLDS** (Sir Joshua), d'ap. lui-même par *Sherwin* petit in-fol. Superbe.

246 **RIVERA** (Joseph-Ribera). Petit in-fol. par *Alegre*, toute marge.

247 **RICARD** (Gustave). Eau-forte par *Le Rat*, in-4. Superbe ép. toute marge.

248 **RIGAUD** (H.). Fac-simile du dessin dans la collect. de M. le duc d'Aumale; — monté dessous, in-8, par *Ficquet*, belle ép. 2 p.

249 **RIVALZ** (Antonius). Eau-forte d'ap. lui-même, par *Bart. Rivalz* petit in-fol. Superbe.

250 **RIVALZ** (Joannes-Petrus). Eau-forte d'ap. *Ant. Rivalz* par *Bart. Rivalz*, petit in-fol. Superbe.

251 **ROBERT** (Hubert), d'ap. *Isabey* par *Miger* l'an 7e. in-fol. Très-belle ép., avant la lettre.

252 — Le même avec la lettre. Très-belle ép. Marge.

253 **ROMBOVTS** (Théodore), d'ap. *Van Dyck* par *Eredi*, in-4.

254 **ROSLIN** (Alexandre), d'ap. lui-même par *Floding*, in-fol. Superbe.

255 — Profil à droite, in-4, d'ap. *Cochin* par *Nicollet* 1776. Superbe.

256 **ROUSSEAU** (Philippe). Eau-forte petit in-fol, par A. J. *Gilbert* d'ap. *Dubuffe*. Superbe ép. avant la lettre, sur Chine volant.

257 **RUBENS** (P. P.), d'après lui-même par *Claessens*, petit in-fol. — monté dessous, grand in-8. 2 p.

258 — (Pietro-Paolo), par *Marchi*, petit in-4. Superbe ép., toute marge.

259 — par *Elisa Maréchal*, petit in-fol., toute marge.

260 **RYCHART** (Martinvs), d'ap. *Van Dyck* par *Iacobus Neeffs*, petit in-fol. belle ép.

261 **SAINT-AUBIN** (Aug. de), dessinateur et graveur. Comptez sur mes serments, in-fol. par lui-même. Superbe ép. Marge.

262 **SAINT-AUBIN** (Gabriel de), dessiné par lui-même, médaille gravée à l'eau-forte par *J. de Goncourt*, petit in-4. Superbe ép. Marge.

263 **SAINT-AUBIN** (Germain de). Eau-forte par *J. de Goncourt*, rond petit in-4. Superbe ép., toute marge.

264 **SAINT-NON** (Richard, abbé de). Artiste amateur, in-8 par *Legenisel*, superbe ép. toute marge.

265 **SALVIATI** (Francesco), d'ap. lui-même, petit in-4, par *Calzi*. Superbe ép., toute marge.

266 **SANCTII** (Raphaelis). Raphaël d'Urbin, par *Bonasone* petit in-fol. Très-belle ép.

267 **SASSOFERRATO** (G. B. S. detto), d'après lui-même, *Salvi*. Petit in-4, par *Nardini*. Superbe ép., toute marge.

268 **SCHALCKEN** (Godfridus), d'ap. lui-même tenant une chandelle. In-fol. par *Smith*. Superbe manière noire.

269 **SCHEFFER** (Ary), d'ap. *Lehman*, in-4, par *Dien*. Superbe ép. sur Chine. Marge.

270 **SEGERS** (Daniel), frère Jésuite, très-grand in-8, d'après *Livens*, *J. Meyssens ex*. Superbe ép. Marge.

271 **SEGHERS** (Gérardo), d'ap. *Van Dyck* par *Vorsterman*. M. Van den Enden exc. petit in-fol. Superbe.

272 **SNAEYERS** (Petrvs), d'après *Van Dyck* avant la seconde ligne et le nom du graveur avec *Martinus van den Enden excudit* — **Snayers**, avec la seconde ligne et *Andreas Stoch sculpsit* 2 superbes ép., petit in-fol.

273 **SNELLINX** (Joannes). Eau-forte par *Van Dyck*, petit in-fol. Superbe ép. Marge

274 **SPAENDONCK** (Gérard van). Lith. par *J. Boilly*, pour l'Institut. Superbe.

275 **STRADANVS** (Ioannes). Ovale entouré de figures allégoriques, petit in-fol. par *Goltzius* superbe ép. Marge.

276 **STROZZE**. d'ap. *Vouet*, in-4 par *M. Lasne*. Superbe ép. Marge.

277 **TAUNAY** (Nicolas-Antoine). Lith. in-4, par *J. Boilly*, pour l'Institut. Superbe.

278 **TENIERS** (Ahram.). D'ap. lui-même par *Edelinck*, grand in-8. Superbe ép.

279 **THENOT** en pied dans son atelier lith., par *Gavarni*, superbe ép., petit in-fol. sur Chine.

280 **TISCHBEIN** (F.), d'apr. lui-même, in-fol. par *Strauss*. Superbe épr. avant la lettre.

281 **TITI** (Tiberio), d'apr. lui-même, petit in-4, par *Fosella*, superbes ép. avant et avec la lettre, toute marge. 2 p.

282 **TOCQUÉ** (Louis), d'ap., *Nattier*, in-fol. par *Cathelin*. Très-belle ép. Marge.

283 **TORENVLIET** (Jacques), in-8 en travers par *Ficquet*, superbe ép. avant le texte au verso. Marge ; — le même avec le texte. 2 p.

284 **TOURNIÈRE**. Montrant Pierre de la Roche, mousquetaire du Roy. Manière noire in-fol. par *Sarrabat*, belle ép.

285 **VAN DYCK** (Antonivs), d'ap. lui-même, par *Vorsterman*. Superbe ép., petit in-fol., avec G. H. Marge.

286 — D'ap. lui-même, par *Calzi*, petit in-4. Superbe ép., toute marge.

287 **VAN EYCK** (Ioannes ab). Petit in-4. *Hondius ex.*

288 **VANLOO** (Carle), tenant un porte-crayon, grand in-fol. sanguine par *Demarteau*. Superbe.

289 — Étant jeune d'apr. lui même, fac-simile de dessin sur papier bleu rehaussé de blanc. Superbe ép. par *Bonnet*, tête grandeur naturelle.

290 — In-fol. chez Basan. Superbe ép., grande marge ; — monté dessous in-4 par *Miger*, 2 p.

291 — In-4 par *Miger*, avant la lettre ; — le même avec la lettre. 2 p. très-belles.

292 — Dessinant d'ap. Pierre *Lesueur* par *Klauber*. In-fol., très-belle ép. avant toute lettre, rognée et remargée en plein.

293 — Le même avec une seule ligne. Superbe ép., très-grande marge.

294 — Le même avec la lettre, très-belle ép., marge ; — monté dessous, profil in-4, d'ap. *Cochin* par *Daullé*, 2 p.

295 **VANLOO** (Louis-Michel), près du portrait de son père Jean-Baptiste Vanloo ; d'ap. lui-même, par *Miger*, in-fol. Superbe ép., grande marge.

296 **VANLONIVS** (Theodorvs), d'après *Van Dyck* par *Paul du Pont*, petit in-fol. Superbe ép., avec G. H.

297 **VAN SCHUPPEN** (Jacobo), d'ap. lui-même à mi-corps dans son atelier, grand in-fol. par *Muller*. Superbe.

298 **VAN UDEN** (Lvcas), d'apr. *Van Dyck* par *Vorsterman*, petit in-fol. Superbe ép. avec G. H. Marge.

299 **VANNUCHI** (André del Sarto). Eau-forte par *Bergeret*, petit in-fol. Très-belle ép. Marge.

300 — (Andrea del Sarto) d'ap. lui-même par *Floridi*. Petit in-4, Superbe épr., toute marge.

301 **VECELLIO** (Tiziano), d'ap. lui-même par *Fusinati*, petit in-4. Superbe ép., toute marge.

302 **VÉLASQUEZ** (Diego). A mi-corps prêt à peindre, petit in-fol. par *Ametller*, belle ép., toute marge.

303 **VERDIER** (François), d'ap. *Rano*, in-fol. par *Desrochers*, pour sa réception à l'Académie, 1723. Superbe ép., grande marge.

304 **VERMONT** (Hyacinthe-Collin de), né à Paris, d'ap. *Roslin*, in-fol. par *Manuel Salvador Carmona*, pour sa réception à l'Académie, 1761. Superbe ép. Marge.

305 **VERNET** (Joseph), d'ap. *L. M. Vanloo*, in-fol. par *Cathelin*. Superbe.

306 **VERNET** (Carle), d'apr. *Paul Delaroche*, in-4 par *H. Dupont*, petit chef-d'œuvre. Superbe ép.

307 — Lith. in-4 par *J. Boilly*, pour l'Institut. Superbe.

308 **VERNET** (Horace). A mi-corps, petit in-fol. par *Louis Massard*, superbe ép. avant la lettre, sur Chine. Marge.

309 **VIEN** (Joseph), d'ap. Mlle *Guiard*, par *Miger*, in-fol. Superbe.

310 **VINCI** (Leonardo da), d'ap. lui-même par *Bonaini*, petit in-4. Superbe ép., toute marge.

311 **VISSCHER** (Cornelius de), d'ap. lui-même par *B. Audran*, in-fol. Superbe.

312 **VLEUGHELS** (Nicolaus) de Paris, d'ap. *Pesne* par *E. Jeaurat*, 1725, in-fol. Superbe ép. Marge.

313. — Monument funèbre, son portrait de profil soutenu par un enfant, in-fol. d'apr. *Slodz* par *Gallimard*. Très-belle ép.

314 **VLEUGHELS** (Philippe), d'ap. *Champagne* par *De Larmessin* in-fol. Superbe ép. Marge.

315 **VOS** (Gvilielmvs de). Eau-forte de *Van Dyck* terminé par *S. A. Bolswert*, avec G. H. Superbe ép. petit in-fol. Marge.

316 **VOS** (Simon de), d'ap. *Van Dyck* par *Paul du Pont*, petit in-fol. Superbe ép. avec G. H. Marge.

317 **VOUET** (Simon), par *J. Lubin*, petit in-fol. pour les Grands Hommes de Perrault; — monté dessous in-8, par *Lepicié*, 2 p. Très-belles ép. Marge.

318 **WATTEAU** (Antoine). Fac-simile du dessin dans la collection de M. le duc d'Aumale, dirigé à droite.

319 — Le même dirigé à gauche, à mi-corps, tenant un porte-crayon, d'ap. lui-même par *Boucher*, in-fol. Magnifique ép. Marge vierge.

320 — En buste dirigé à gauche, d'ap. lui-même, in-4, par *L. Crepy* fils. Superbe.

321 — Dans un jardin avec M. de Julienne, jouant du basson. Grand in-fol., par *Tardieu*. Superbe ép. Marge.

322 — Dans son atelier, in-8, par *Lepicié*, avec l'adresse d'Odieuvre, très-belle ép.

323 **WATELET**. La peinture. Il est de profil à droite en pied ; il peint une composition d'amours d'ap. *Delarue* par *Ch. Duflos*. In-fol. Superbe ép. Marge. Montée en dessin avec filets d'or.

324 — Vue intérieure d'un jardin anglais, appelé le Moulin joli, appartenant à M. Watelet, par *Marie Riollet* avant la lettre, et avec la lettre dirigé par Née. 2 p. in-fol. Superbes.

325 **WEIROTTER** (Franz-Edmond), d'ap. *Du Greux* par *Balzer*, in-fol., belle ép.

326 **WEST** (Benjamin), d'parès Gabriel *Stuart* in-4, par Caroline *Watson*. Superbe.

327 — Profil à gauche, ovale in-4 par *Spitsbury*. Très-belle ép. Marge.

328 **WOUWERMAN** (Philippus), d'ap. *C. de Visscher* par *N. Dupuis*, in-fol. Très-belle ép. Marge.

329 **ZIEM**. Eau-forte par *Chaplin*. Superbe ép., petit in-fol., toute marge.

330 **ZUCCHERI** (Federigo), d'ap. lui-même par *Errani*, petit in-4, avant et avec l'adresse de Bardi, 2 p. Superbes ép., toute marge.

SCULPTEURS

331 **ALLEGRAIN** (Christophe-Gabriel), né à Paris, d'ap. *Duplessis* pour sa réception à l'Académie, 1774, par *Klauber* pour sa réception à l'Académie, 1787. In-fol. Très-belle ép. avant toute lettre, marge.

332 — Le même, avec la lettre. Superbe ép. sur chine, marge.

333 **ANGUIER** (Michel). D'ap. *Revel*, par *Laurent Cars* pour sa réception à l'Académie, 1733. In-fol. Superbe ép., grande marge.

334 **BOUCHARDON** (Edme). D'ap. *Drouais*, par *Beauvarlet* pour sa réception à l'Académie, 1776. In-fol. Très-belle ép., marge.

335 **CAFFIERY** (J.-J). Profil à gauche, d'ap. *Cochin*, par *August. de Saint-Aubin*. In-4. Superbe ép., marge.

336 **CANOVA** (A.). D'ap. *Gerard*, par *Pradier*. In-4. Très-belle ép.

337 — (Le Chevalier Ant. de). D'ap. de *Lampi*, par Michaël *Benedetti*. Grand in-fol. Très-belle ép. — Monté dessous, profil à gauche. Ovale in-4, par Raphaël *Morghen*. Superbe ép. toute marge. 2 p.

338 **CARRIER-BELLEUSE**. D'ap. *Cormon*, eau-forte, par *Damman*. Superbe ép., avant la lettre, sur chine, non fixé. Petit in-fol.

339 **CARTELLIER** (Pierre), né à Paris. Lithog. In-4, par *J. Boilly* pour l'Institut. Superbe.

340 **CAYEUX** (Ph.). Profil à droite, d'ap. *Cochin*, par *Lempereur*. In-4. Superbe ép., marge.

341 **COUSTOU** (Guillaume). Profil à droite, d'ap. *Cochin*, par *Aug. de Saint-Aubin*, avant la troisième ligne. — Le même avec la troisième ligne. 2 p. in-4. Superbes ép., marge.

342 **COUSTOU** (Nicolas). D'ap. *Le Gros*, par *Charles Dupuis* pour sa réception à l'Académie, 1730. In-fol. Superbe ép., marge. — Monté dessous. In-8, par *Oubrier*, avec l'adresse et l'adresse effacée, 3 p.

343 **COYZEVOX** (Antoine). D'ap. *Rigaud* par *Jean Audran* pour sa réception à l'Académie en 1708. In-fol. Superbe ép., petite marge. — Monté dessous in-8 par *Mathey*. 2 p.

344 **DANTAN** jeune. Lithog. in-4 pour la Galerie de la Presse, Superbe.

345 **DAVID**, d'Angers, à mi-corps. Lithog. in-fol. par *A. Deveria*. Superbe ép. sur chine, in-fol., toute marge.

346 **DUPATY** (L.-M.-Ch.-H. Mercier). Lithog. in-4, par *J. Boilly* pour l'Institut. Superbe.

347 **DUPRE**, graveur en médaille, procédé Collas, d'ap. *David*, d'Angers. Rond. In-4. Superbe.

348 **DU QUESNOY** dit le Flamand, d'ap. *Van Dyck*, par *P.-V.-B. F.*, 1751. Manière noire. In-fol. Superbe. — Monté dessous, in-8, par *Rattion*. 2 p.

349 **GIRARDON** (François). D'ap. *Rigaud*, par *Duchange* pour sa réception à l'Académie, 1707. In-fol. Superbe ép., marge. — Monté dessous in-8 par *Dupin*. Très-belle ép., avec l'adresse. 2 p.

350 **GOIS** (Et.-P.-Adrien). D'ap. *Dumont*, par *L.-F. Jacquinot*. In-4. Très-belle ép.

351. **GUILLAIN** (Simon). D'ap. *N.-A. Coypel*, par *Pierre-Louis Surugue* le fils pour sa réception à l'Académie, 1747. In-fol. Superbe ép. Grande marge.

352. **HOUDON** (J.-A.). Lithog. in-4, par *J. Boilly* pour l'Institut. Superbe.

353. **LE CONTE** (Louis), de Boulogne, près Paris, par *Pesne*. In-fol. Superbe ép., marge. Collect. Didot.

354. **LE LORRAIN** (Robert), de Paris, d'ap. *Drouais*, par *Le Bas*. In-fol. Superbe ép. Grande marge.

355. — D'ap. *Nonnotte*, par Jacques-Nicolas *Tardieu* pour sa réception à l'Académie, 1749. In-fol. Superbe ép. Grande marge.

356. **LEMOINE** (J.-B.), le fils, profil à gauche d'ap. *Cochin*, par *Dupuis*. In-4. Superbe ép., marge.

357. **LEMOT** (François-Frédéric). Lithog. in-4, par *J. Boilly* pour l'Institut. Superbe.

358. **LESUEUR** (Jacques-Philippe), né à Paris. Lithog. in-4, par *J. Boilly* pour l'Institut. Superbe.

359. **LERAMBERT** (Louis), né à Paris, d'ap. N.-S.-A. *Belle*, par J.-G. *Muller* pour sa réception à l'Académie, 1776. In-fol. Très-belle ép., marge.

360. **NIEUWERKERKE** (comte de). D'ap. *Ingres*, par *A. Riffaut*. In-4 sur chine. Superbe.

361 **PILON** (Germain). Fac-simile du dessin de la collection Lenoir qui est dans la collect. de Monseig. le duc d'Aumale. Rare.

362. **PREAULT** (August.). In-4 par *Masson*. Très-belle ép., toute marge.

363 **PALISSY** (Bernard). D'ap. la fayence par lui-même de la collect. de M. le baron Antony de Rothschild. In-fol. en bistre.

364 — D'ap. une peinture sur vélin du Musée de l'hôtel de Cluny. Lithog. In-fol. Superbe.

365 **PUGET** (Pierre). D'ap. son fils par *Jeaurat*. In-fol. — Monté dessous. In-8, Par *Dupuis*. Marge. 2 p. Très-belles.

366 **RAMEY** (Claude). Lithog. in-4, par *J. Boilly* pour l'Institut. Superbe.

367 **RAUCH** (Christian). D'ap. *C. Begas*, par *Schulthéss* In-4. Superbe ép., marge.

368 **SARRAZIN** (Jacques). Par *Edelinck*. Petit in-fol., pour les Grands Hommes de Perrault. Superbe ép., marge.

369 **Sarrazin** (Jacques), l'aîné, par Charles-Nicolas *Cochin* pour sa réception à l'Académie, 1731. In-fol. Superbe ép., marge.

370 **STOUF** (Jean-Baptiste), né à Paris. Lithog. In-4, par *J. Boilly* pour l'Institut. Superbe.

371 **THIERRY** (Jean). D'ap. de *Largillière*, par *J.-H. Thomassin*. In-fol. Très-belle ép., marge.

372 **THORWALDSEN**, d'ap. *Krueger*, par *Luederitz*. In-fol., sur chine, manière noire. Superbe ép., marge.

373 **TREMBLET** (Barteleml). Médaillon sur son tombeau. Petit in-fol., par *Michel Lasne*. Petit in-fol. Superbe ép.

374 **VAN CLEVE** (Corneille). D'ap. *J. Vivier*, par *J.-B. Poilly* pour sa réception à l'Académie, 1714. In-fol. Superbe ép., marge.

GRAVEURS

375 **AUDRAN** (Benoist), par lui-même, d'après *Vivien*, in-8. Superbe ép. avant l'adresse d'Odieuvre, marge. — **Audran** (Gérard), par *Dupuis*, d'ap. *Coysevox*, in-8. Superbe ép., marge. 2 p.

376 **AUDRAN** (Benoit)? d'ap. *Joshua Reynolds*, 1752, par *Fessard*, in-fol., avant la lettre. Superbe ép., grande marge.

377 **BALECHOU** (J.-J.), d'ap. *Arnavon*, chanoine à Avignon, in-fol., par *Cathelin*. Très-belle ép.

378 **BARBÉ** (Ioannes-Baptista), d'ap. *Van Dyck*, par *S. A. Bolswert*. Petit in-fol., superbe ép., marge.

379 **BARTOLOZZI** (F.), tenant un crayon, ovale in-fol., d'ap. *J. Reynolds*, par *R. Marcuard*. Très-belle ép., lettre grise.

380 — Profil dirigé à gauche, en bas, bas-relief de figures allégoriques, d'ap. *Violet*, par *Bouillard*, in-fol. Superbe ép. avant la lettre, marge vierge.

381 **BASAN** (P.-Fr.). Profil à droite, d'après *Cochin*, in-4, par *Marais*. — Frontispice de son catalogue, in-8, par *Choffard*. 2 p. Très-belles ép.

382 — Petit profil à gauche, par *Choffard*, pour en tête de page, avant le texte au verso. — Frontispice de son catalogue, par *Choffard*, in-8, marge. 2 p. Très-belles.

383 **BAUSE** (I.-F.), d'ap. *Graff*, par *Klauber*, in-fol. Très-belle ép., marge.

384 **BERVIC** (J.-G. Balvay). In-4. Lithog., par *J. Boilly*, pour l'Institut. Superbe.

385 **CAMPION DE TERSAN** (Ch.). Profil à droite, in-4. Très-belle ép., rare.

386 **CARS** (Laurent), d'ap. *Peronneau*, par *Miger*. Grand in-4, toute marge. Superbe.

387 **CAYLUS** (A. Cl. Ph. de Thubières comte de). Médaillon sur la pierre tombale, d'après *Vassé*, par *P. Chenu*, in-fol. avec la feuille de texte; — monté dessous, profil à gauche, d'ap. *de Lorraine*. 3 p. Très-belles, montées en dessin, avec filets d'or.

388 — Profil à droite avec grande perruque, eau-forte pure, avant toute lettre. — Le même terminé *Mme Doublet Delin, B. sculp.* 2 p. in-8. Superbes et très-rares.

389 **CHAUVEAU** (François), d'ap. *Le Febure*, par *L. Cossin*, in-fol. Superbe ép.

390 **CHEREAU** (François), d'ap. *Dufrenau*, par *Petit*, in-8. Superbe ép. in-8, avec l'adresse d'Odieuvre, marge.

391 **COINY** (Joseph), né à Paris, 1795-1829. Profil à gauche, d'après lui-même, par *H. Dupont*, in-4. Superbe ép., marge.

392 **COLLAS** (C.). Médaillon, procédé Collas, d'ap. *David d'Angers*, in-4. Superbe ép.

393 **DESNOYERS** (A.-G.L., Boucher Baron). Lithog. in-4, par *J. Boilly*, pour l'Institut. Superbe.

394 **DUCHANGE** (Gaspard). Profil à droite, d'ap. *Cochin*, par *Dupuis*, in-4. Très-belle ép., Chine, marge.

395 **DUPONT** (Henriquel), d'ap. *P. Delaroche*, par *Aristide Louis*, in-4. Superbe ép. sur Chine, marge.

396 **EDELINCK** (Gérard), d'ap. *Tortebat*, par *N. Edelinck*, in-fol. — Montés dessous, in-8, par *Dupin*, avec l'adresse et l'adresse effacée. 3 p. Très-belles.

397 — D'ap. *Rigaud*, par *G. Levy*, in-4, pour la galerie de Versailles. — Monté dessous in-8, par *Dupin*, l'adresse effacée. 2 p. Superbes ép. marge.

398 **FLIPART** (Jean-Jacques). Profil à droite, par *Ingouf* le jeune, in-4. Superbe ép., grande marge.

399 **FONTANA** (Pietro), par lui-même, d'ap. le dessin de *Wicar*, in-4. Superbe ép., marge.

400 **GALLE** (André), graveur en médailles, lith. in-4, par *J. Boilly*, pour l'Institut. Superbe.

401 **GARAVAGLIA** (Giovita), d'ap. lui-même, par *Angelo Gravagni*, in-4. Très-belle ép., signée.

402 **HOUBRAKEN** (Jacobus), par lui-même, d'ap. *Quinkhard*, in-fol. Magnifique ep., marge.

403 **IODE** (Petrvs de) Ivnior, par lui-même, d'ap. *Van Dyck*, petit in-fol. Superbe ép., marge.

404 **JOHANNOT** (Alfred). Médaillon procédé Collas, d'ap. *David d'Angers*, in-4. Superbe.

405 **LANGLOIS** (François), dit Ciartres ou de Chartres, célèbre éditeur d'estampes, joueur de cornemuse, d'ap, *Van Dyck*, par *Pesne* (R. D. 97), in-fol. Très-belle ép.

406 **LASNE** (Michel), d'ap. *C. le Brun*, par *N. Habert*, 1700; petit in-fol. Superbe ép., marge.

407 **LÉPICIÉ** (N.-B.). Profil à droite, d'après *Cochin*, par *Rousseau*, in-4. Belle ép., marge.

408 **MALLERY** (Carolvs de), d'ap. *Van Dyck*, par *Vorsterman*, petit in-fol. Magnifique ép. avant la seconde ligne et avec *Mart. vanden Enden excudit cum privilegio*. Grande marge.

409 **MECHEL** (Chretien de), d'ap. *Hickel*, par son cousin *J.-J. de Mechel*, in-4. Superbe, marge.

410 **MIGER** (S.-C.), par lui-même (*Begim*), d'ap. *M*[lle] *Capet*, in-8. Très-belle ép. marge.

411 **MORGHEN** (Raffaello). Profil à gauche, par *Schiavonetti* in-4. Superbe ép., marge. — Monté dessous in-4, par *Caronni*. Superbe. 2 p.

412 **MOYREAU** (Jean), par lui-même, 1749; d'ap. *Nonnotte* 1742; in-fol. Très-belle ép., montée en dessin avec filets d'or.

413 **NANTEUIL** (Robert), d'ap. lui-même, par *Edelinck*, petit in-fol., pour les Grands Hommes de Perrault. Très-belle ép., marge.

414 **PLOOS VAN AMSTEL**, d'ap. *Buys*, par *Vinkeles*, grand in-8. Superbe ép., avant la lettre, grande marge.

415 **PRIETO** (D.-Thomas-Francisco), graveur de monnaies, d'ap. *Gonzales*, par *Carmona*, in-fol, Très-belle ép., marge.

416 **PONT** (Paul du). Eau-forte par *Van Dyck*, petit in-fol. Très-belle ép., marge.

417 **PONTIVS** (Pavlvs), par lui-même, d'ap. *Van Dyck*. Superbe ép., avec *G. H.* Grande marge.

418 **RAIMONDI** (Marc-Antoine), d'ap. *Raphaël*, par *Lesnier*, 1838; in-fol. Superbe ép., marge.

419 **REGNAULT** (Baron), peintre et graveur, né à Paris, lithog. petit in-fol., avant toute lettre et avec une seule décoration. Superbe ép., toute marge, très-rare.

420 **RICHOMME** (J.-T.), d'ap. son fils, in-4, par *Dien*. Très-belle ép., marge.

421 **ROETTIERS** (Jacques), d'ap. *Cochin* fils, profil à droite, par *Aug. de Saint Aubin*. Superbe ép. avec une seule ligne. — Le même, au-dessous du nom, — Ecuyer de l'Académie de peinture et sculpture. 2 p. in-4, marge.

422 **ROETTIERS** (Joseph), graveur des monnaies, d'ap. de *Largillière*, par *Vermeulen*, grand in-fol. Superbe ép., marge.

423 **SIMON** (Petrvs), d'après *Tortebat*, par *Trouvain*, in-4. Superbe ép.

424 **SIMONNEAU** (Charles), d'ap. *Rigaud*, par *Dupin*, in-8. Superbe ép. avec l'adresse, marge.

425 **TARDIEU** (A.), né à Paris, d'ap. *Ingres*, par *Henriquel Dupont*, petit in-fol. Superbe ép., marge.

426 **TARDIEU** (Pierre-Alexandre), lithog. in-4, par *J. Boilly*, pour l'Institut. Superbe.

427 **TARDIEU** (Nicolas-Henri), né à Paris, d'ap. *Vanloo*, par *Tardieu* le fils, in-8. Superbe ép., avec adresse, marge.

428 **TEMPESTA** (P. Muller detto il cav.), d'ap. lui-même, petit in-4, par *Lauro*. Superbe ép., toute marge.

429 **VAILLANT** (W.), petit in-fol., manière noire, par lui-même. Superbe ép., marge.

430 **VARIN** (Jean), tailleur des monnaies, petit in-fol., par *Edelinck*, pour les Grands Hommes de Perrault. Très-belle ép., marge.

431 **VOLPATO**. Johannes Vulpatus, d'ap. *Ange Kauffman*, par *Raph. Morghen*, grand in-4. Superbe ép., grande marge.

432 **WILLE** (Jean-Georges). Profil à droite, d'ap. *Wille* fils, par *P.C. Ingouf*, in-4. Très-belle ép., marge.

433 — D'après *Greuze*, par *J.-G. Muller*, in-fol. Superbe ép., avant toute lettre, rare.

434 — Le même, avec la lettre. Superbe ép., toute marge.

ORFÈVRES

435 **BALLIN** (Claude), orfèvre. *Jac. Lubin sculp.* Petit in-fol. pour les Grands Hommes de Perrault. Très-belle ép. Marge.

436 **GORLŒUS** (Abraham), antiquaire. Anvers, 1549-1609. Petit in-4, par *Gheyn.* Superbe ép.

437 **MONTAURON** (Étienne-Catillon). Joaillier ordinaire de Monsieur. *De Troy Pinx, Bouis* est à la plume. In-4. Manière noire. Très-rare.

ARCHITECTES

438 **ANTOINE** (J.-D.). Profil à gauche, in-4. *L. R. Trinquesse delineavit — L. S. Lempereur sculpsit.* Superbe ép. Rare.

439 **BALTARD** (L.-P.), peintre, graveur, Ovale in-4, d'ap. *Gigoux* par *Bein.* Superbe ép. Marge in-fol.

440 **BERNINVS** (Io. Lavrentivs). In-4 d'ap. *Gaullus* par *Arnold Van Westerhout;* — monté dessous Jean-Laurent **Bernin**, in-8 par *Pinssio*, marge. 2 p. superbes. (Il était aussi sculpteur et peintre.)

441 **BLASSET** (Nicolas), d'Amiens, sculpteur du roi. In-fol. par *Lenfant.* Superbe ép.

442 **BREVCK** (Iacques de), d'ap. *Van Dyck*, par *Pontius*. Superbe ép. Petit in-fol. avec G. H. Marge.

443 **BRISEUX** (C.-E.). In-fol. *J.-G. Will del. et sculp*. Superbe ép.

444 **CESSART** (Louis-Alexandre). Inspecteur général des ponts-et-chaussées, né à Paris, le 25 août 1719. *Bouché del. — B. Roger, sc.* In-4. Très-belle ép.

445 **CHAMBERS** (W.). In-4 d'ap. *Falconet* par *Pariset*. Très-belle ép.

446 **CHENAVARD** (Claude-Aimé). In-4 par *H. Dupont*. Très-belle ép. Marge.

447 **CHEZY**. De profil à gauche, eau-forte. *Desprès*, del. et sculp. Superbe ép. In-4. Toute marge.

448 **COTTE** (Robert de). In-fol. d'ap. *Tortebat*, par *A. Trouvain*. Superbe ép.

449 **DELORME** (Philibert). In-4 par *Riffaut*,

450 **DUMONT** (A.-L.). D'ap. *Ingres*, par *Leroux*. Petit in-fol. avant la lettre. Toute marge.

451 — Le même, avec la lettre. Superbe ép. Marge.

452 **DURAND** (J.-N.-L.). In-4, par *Dissard*. Très-belle ép. Marge,

453 **FAIVRE** (J.-B.-L.), pensionnaire de la République française, né à Paris en 1766. Profil dans un rond d'ap. *Wicar*, par *Gounod*. In-4 superbe.

454 **FONTAINE** (Pierre-François-Léonard). Lithog. par *J. Boilly*, pour la collec. de l'Institut. In-4.

455 **FONTANA** (Carolvs). Petit in-fol. *Auden Aert. ad vivum*. Superbe ép. Rare.

456 **FRANCAVILLA** (Petrvs A.). Encadrement orné. Petit in-fol. *Jac. Bunel pinxit. — P. de Iode fecit.*

457 — Scultor, d'ap. *Porbus*, par *Guadagnini*. Petit in-4. Superbe ép. Marge in-fol.

458 **GABRIEL** (Jacques). In-8, tiré de la Galerie de Versailles. — **Gondoin** (Jacques). — **Huyot** (Jean-Nicolas). Ces 2 lithog. par J. Boilly, pour l'Institut. 3 p. superbes.

459 **LABROUSTE**, d'ap. *Ingres*, 1852, par *Dien*. In-fol., dédié à ses élèves. Superbe ép. sur Chine, marge.

460 **LE MERCIER** (Jacques). D'ap. *Champagne*, par *Morin*. In-fol. Très-belle ép.

461 **LE NOSTRE** (André). Manière noire, d'ap. *Carle Maratte*, par *J. Smith*. In-fol. Superbe.

462 **MANSART** (Jules-Hardouin), d'ap. *Rigaud*, par *Edelinck*. Grand in-fol. Belle ép.

463 — Le même, d'ap. *de Troy*, 1690, par *Simonneau* l'aîné, 1710. In-fol. Superbe ép. Marge.

464 — Le même, fac-simile sanguine d'un dessin de *Largillière*, qui est dans la collect. de Monseig. le duc d'Aumale. In-fol.

465 **MANSART** (François), d'ap. *Nanteuil*, par *Edelinck*. Petit in-fol., pour les Grands Hommes de Perrault. Superbe ép. Marge.

466. — Le même, fac-simile sanguine, d'ap. le dessin de *Rigaud*, dans la collec. de M. le duc d'Aumale.

467. — Le même, et *Perrault*, d'ap. *Ph. de Champagne*, par *H. Dupont*. In-4, superbe.

468. **MEISSONNIER** (Justus-Aurelius). Entourage orné, d'ap. lui-même, *N.-D. de Beauvais*. In-fol. Superbe ép. Marge.

469. **METEZEAU** (Clément), ingénieur, inventeur de la digue de La Rochelle. In-fol. Au bas, la vue de la digue, et la planche ajoutée de la copie du brevet du Roy. Très-belle ép. Marge.

470. **NORMAND** (Charles), par *H. Dupont*, 1827. In-4, avant la lettre. Superbe ép. sur chine. Toute marge.

471. — Le même, avec entourage orné, avec la lettre sur Chine. Superbe ép. Toute marge.

472. **PARIS** (Pierre). D'ap. *Ducq*, par *Richomme*. Petit in-4, les noms à la pointe. Superbe ép., marge ; — monté dessous, le même, avec la lettre. 2 p.

473. **PERCENET** (L.-N.). D'ap. *Trinquesse*, par *Lempereur*. Profil in-4. Superbe ép. Marge.

474. **PERCIER** (Charles), né à Paris. Lithog. in-4, par *J. Boilly*. pour l'Institut. Superbe.

475. **PERRONET** (Jean-Adolphe). A l'eau-forte. J.-L. *Desprées* del et sculp. Entourage orné d'attributs. Superbe ép. in-4. Petite marge.

476. **PEYRE** (Antoine-François), né à Paris. Lithog. in-4, par *J. Boilly*, pour l'Institut. Superbe.

477 **PIEYRE** (Jean-Baptiste), d'ap. *Bonvoisin*, par *Mougeot*. In-8, toute marge.

478 **RIQUET** (Pierre-Paul). Baron de Bonrepos, buste grandeur naturelle, d'ap. *De la mare Richart*, par *P. Lombart*. Grand in-fol.

479 **RONDELET** (Jean). Lith. in-4, par *J. Boilly* pour l'Institut. Superbe.

480 **SCHINKEL** (K.-F.). D'ap. *Kruger*, par *Sihling*. In-4. Superbe ép. Marge.

481 **SANSOVINO** (Jacopo). D'ap. *Titien*, par *Lorenzi*. Petit in-fol. avant la lettre, sur Chine. Superbe.

482 — Le même, avec la lettre. Superbe.

483 **SERVANDONI**. D'ap. *Colson*, par *Miger*. In-4. Très-belle ép.

484 **SOUFFLOT** (F.) le Romain, d'après *Trinquessè*, par *Lempereur*, profil à droite. In-4. Rare.

485 **SOUFFLOT** (Jacques-Germain). Petit in-fol. Très-belle ép. Très-rare.

486 — Vue du Portail de la nouvelle église Sainte-Geneviève, avec la rentrée de la Procession. In-fol. chez Panseron. Très-belle ép. Rare.

487 **THIBAULT** (Jean-Thomas). Lith. in-4, par *J. Boilly* pour l'Institut. Superbe.

488 **VERNIQUET** (Edme). Rond in-fol. d'ap. *Bouché*, par *J.-B. Dien*. Belle ép.

489 **VIGNON** (Al.-P.), né à Paris. Dessiné d'ap. nature en 1825, et gravé par *Dien*, comme fleuron l'église de la Madeleine. In-4. Superbe ép. Marge avec dédicace signée. — Vue de l'église de la Madeleine. Eau-forte. In-fol. avant toute lettre. 2 p.

490 **VISCONTIVS** (Ennivs-Qvirinvs). Médaille ovale, grand in-8, d'ap. *Laguiche*, par *Coiny*, avant la lettre, marge, in-fol. — Le même, avec la lettre au crayon, marge, petit in-fol. — Son monument funèbre, comme fleuron, petit in-4. Memoriæ Ennii Qvirini Visconti, au crayon. Ces 2 p. viennent de la collec. de M. de Cailleux. 3 p. Magnifiques ép.

491 **VIVENEL**. A son ami Vivenel, architecte, fondateur du Musée de Compiègne, souvenir d'amitié, 17 mars 1844, *Dom. Papety*; au coin en bas, à gauche, petite médaille de l'Hôtel-de-Ville de Paris, *il parlera toujours pour lui.* Superbe ép. in-fol. sur Chine, marge.

IMPRIMEURS, LIBRAIRES, ÉDITEURS

492 **AMERBACH**, d'ap. Hans *Holbein* le jeune, par Fred. *Weber*. In-fol. Superbe ép., marge.

493 **BOUDAN** (Alexander). Iconopola Lutetiæ Eau-forte. *Cl. le Febure pinxit et sculpsit.* In-4. Superbe ép., marge.

494 — (Alexandre), imprimeur du roy. *Claudius le Feure pinxit.* — *Isaac Saraba, sculp.* Manière noire. In-fol., 1er état. Superbe ép., petite marge.

495 **COIGNARD** (Jean-Bapt.). D'ap. *Pesne*, 1724, par *Petit*, 1732. Grand in-fol. Très-belle ép., petite marge.

496 **COLNAGHI** (Paul). July 30, 1833, ob. Aug. 26, 1833, œt, 82. Drawn et Engraved by *R. Easton* after a bust by *Danlan.* Ovale. Grand in-8 sur chine. (Célèbre marchand d'estampes, fondateur de la maison Colnaghi de Londres).

497 **COSTERVS** (Laurentius) de Harlem, 1440, d'ap. *J.-V. Campen*, par *J.-V. Velde.* Petit in-4. Superbe.

498 **CRAMOISY** (Sébastianus Mabre). In-4. *E. Vermeulen, sculp.* Superbe ép. Grande marge. Rare.

499 **EMERY** (Petrus). *I. Moyreau, sculp.*, 1729. In-fol. Très-belle ép., petite marge.

500 **STEPHANUS** (Robertus), né à Paris. Grand in-8. *Hh.* Carré. — Le même. Ovale équarri. In-4. *D. Coster, sculp.* 2 p. (Robert Etienne).

501 **JOMBERT** (Charles-Antoine), libraire du roi, d'ap. *Cochin*, par *Aug. de Saint-Aubin*, 1770. Profil. In-4. Superbe ép., marge.

502 **LANGLOIS** (François), dit Ciartres ou de Chartres, célèbre éditeur d'Estampes. In-fol., d'ap. *Van Dyck*, par *P.-G. Langlois*. Superbe ép., avant la lettre. Marge.

503. **LEONARD** (Fredericus). D'ap. *Rigaud*, par *Vermeulen*. In-4. Très-belle ép., petite marge.

504 **MOMORO** (A.F.M.). Premier imprimeur de la Liberté nationale, 1789. Ovale équarri avec attributs. In-8. Marge. — Le même claire-voie, par *Peronard*. 2 p. Très-belles ép.

505 **MUGUET** (François). Imprimeur du roy et du clergé de France, d'ap. *Simon Dequoy*, par *S. Thomassin*, 1700. In-fol. Belle ép. Rare.

506 **SAUGRAIN**, 6ᵉ libraire de ce nom depuis 1518. In-12, par *Ficquet*. Belle ép., marge.

507 **SIMON** (Pierre-Guillaume), imprimeur du Parlement, d'ap. *Pougin de Saint-Aubin*, 1770, par *Ingouf* junior, 1786. Petit in-fol. Très-belle ép., marge.

508 **VIGNÈRES** (Jean-Eugène), né à Paris, marchand d'Estampes, éditeur des portraits bistre. Ovale in-8. *Adolphe Varin*, *sc.*, 1876. Marge. In-4. Superbe.

509 **VINCENT** (Jacques), syndic en 1744. *N.-B. de Poilly*, *sculp.* Grand in-fol. Très-belle ép., petite marge.

510 **VITRÉ** (Antoine). D'ap. *Champagne*, par *Morin*. In-fol. Superbe ép.

AMATEURS

511 **BOUCAN.** In-fol. *Peint par de Troy. — Gravé à l'eau-forte par S. Thomassin et terminé au burin par Lépicié.* L'Etude fut toujours l'objet de mes désirs, et ces trois arts faisoient mes uniques plaisirs. Superbe ép., sans marge.

512 **BOURDALOUE** (Claudius de) eques Bituricus. In-fol. *N. de Largillierre pinx*, 1687. — *E. Desrochers ex.* Belle ép., marge.

513 **BOYER** (Jean-Baptiste), seigneur d'Aguilles, conseiller et doyen du Parlement de Provence. In-fol., par *Jac. Coelemans.* Très-belle ép.

514 **BRAN** (Hieronymo de), capitaine. In-fol, par *Lucas Vorsterman.* Superbe ép. Collection Camberlin.

515 **BRUDEREN.** In-4. *I. Longhi ad vivum del et sc. Mediol*, 1808, à la pointe. Superbe ép. avant la lettre, marge.

516 **CHARMOIS** (Martin de), conseiller et fondateur de l'Académie de peinture, d'après *Bourdon*, par *L. Simonneau.* In-fol. Marge.

517 **CROZAT** (M. l'abbé). Profil à droite dans un ovale. In-8. *Gravé par P. J. M. sur le dessin de M. Doublet.* Très-rare. — Le même, profil à droite, le bras et la main droite. *Me Doublet In. — B. sculp.* à la pointe, extrêmement rare. 2 p. Superbes.

518 **DU SOMMERARD.** Lithog. in-4, par *Emile Lassalle* pour la galerie de la Presse. Superbe.

519 **FRIES** (comte de). Manière noire. In-fol. *Peint par H.-F. Fuger. — Gravé par V. Kininger*, à la pointe. Superbe ép., avec lettre, marge.

520 **GOUGENOT** (Louis), associé libre de l'Académie de peinture, d'ap. *Greuze*, par *Dupuis*. In-4. Très-belle ép. Fut le protecteur de Greuze.

521 **GUTTHAETER** (Georgius). *M. Merian Iunior fecit*. Petit in-4. Très-belle ép.

522 **IABACH** (Everadt). In-fol. *Michael Asinus delineavit ad viuum et sculpsit Anno* 1652. Superbe ép. Très-rare.

523 **JULLIENNE** (Jean de) tenant le portrait de Watteau dont il était le protecteur. Grand in-fol., d'ap. *De Troy* le père, par *Balechou*.

524 **IUSTINIANUS** (Vincentius). Iosephi F. In-fol. par *Mellan*. Très-belle ép., marge. Trois trous de vers.

525 **MAROULLE** (Ioannes-Antonius de), abbé, d'ap. *C. Coypel*, par *S. Thomassin*. In-fol. — Le même, de profil à droite, *Dessiné et gravé par son ami Ch. Coypel*, 1726. Ovale in-4. — Le même plus terminé. Ovale équarri, au bas les armes et les noms sur la bordure ovale. Ces 2 derniers montés dessous. 3 p. Superbes.

526 **MAUGIS** (Pierre) des Granges, maistre-d'hostel du roy, d'ap. *Champagne*, par *Morin*. Superbe ép.

527 **MONTARSIS** (Pierre de). D'ap. *Ant. Coypel*, par *Gerard Edelinck*. In-fol. Très-belle ép., marge.

528 **POULLAIN** de Saint-Foix, d'ap. *Pougin de Saint-Aubin*, par *Le Mire*. — Le même, par *Maleuvre*. — Frontispice de son cabinet dédié à M. le comte Dorsay, par *Dambrun*. 3 p. in-8. Superbes ép., marge.

529 **STEVENS** (Petrus). D'ap. *Van Dyck*, par *Vorsterman*. Petit in-fol. Superbe.

530 **TASSIS** (Antonius de), chanoine d'Anvers, d'ap. *Van Dyck*, par *Neefs*. Petit in-fol. avec G. H. Superbe ép.

MUSICIENS COMPOSITEURS

531 **ADAM** (Adolphe). Lithog. in-4, par *M. Alophe*, pour la galerie de la Presse. Superbe.

532 **ANGLEBERT** (Jean-Henri D'), d'après *Mignard*, par *Vermeulen*. In-4. Superbe.

533 **AUBER**, d'ap. *Paul Delaroche*, par *Edm. Hedouin*, eau-forte. In-4, avant la lettre. — Avec la lettre sur chine. 2 p. superbes.

534 — Lithog. In-fol. ovale sur chine, par *Desmaisons*. Superbe.

535 **BACH** (Joh.-Seb.), d'ap. *Hausmann*, par *Sichling*. In-4. Superbe ép., toute marge.

536 **BEETHOVEN** (L. Van), d'ap. *Waldmuller*, par *Sichling*. In-4. Superbe ép., toute marge.

537 **BERAT** (Frédéric), d'après *Pollet*, par *Blanchard*. Petit in-4. Superbe ép. sur chine, toute marge.

538 **BERLIOZ**, d'ap. la phothog. de *Nadar*, par *Metzmacher*. In.4. Superbe ép. avant la lettre, toute marge.

539 **BERNIER** (Nicolas). In-8, par *Ficquet*. Superbe ép. avec l'adresse d'Odieuvre.

540 **BERTON** (Henri Montan), né à Paris, Lith. In-4, par *J. Boilly*, pour l'Institut. — Profil. In-4, par *Quenedey*. 2 p. superbes, toute marge.

541 **BLANCHARD** (Esprit-J.-A.). Profil à droite, d'ap. *Cochin*, par *Aug. de Saint-Aubin*. In-4. Superbe ép., marge.

542 **BOIELDIEU** (Adrien). Lithog., par *J. Boilly*, pour l'Institut. — Profil à droite, par *Quenedey*. 2 p. in-4. Superbes ép., toute marge.

543 **CAMPRA** (André), d'après *Boys*, par *N. Edelinck*. Petit in-fol. Superbe.

544 **CATEL** (Charles-Simon). Lithog. in-4, par *J. Boilly*, pour l'Institut. Superbe.

545 **CHERUBINI** (L.-Ch.-Z.-S.-M.). Profil à droite. In-4, par *Quenedey*. — Lithog. In-4, par *J. Boilly*, pour l'Institut. — Lithog. In-fol. par *Belliard*. 3 p. superbes.

546 **CIMAROSA**. Eau-forte, par *Hillemacher*. In-8. Premier état sur chine non fixé. Superbe ép. rare.

547 **CORELLI** (Archange), d'ap. *Howard*, par *Mathey*. In-8. Superbe ép. avec l'adresse d'Odieuvre.

548 **COUPERIN** (François), d'ap. *Bouys*, par *Flipart*. Petit in-fol. Superbe.

549 **DALEYRAC** (Nicolaus), d'ap. *Césarine de C...*, par *Ruotte*. Petit in-fol., marge. — Monté dessous. In-4, par *Quenedey*. 2 p. très-belles.

550 **DAVID** (Félicien), d'ap. *Vidal*. In-4 sur chine, par *Metzmacher*. Très-belle ép.

551 **DELALANDE** (Michel-Richard), d'après *Santerre*, par *Thomassin*. In-fol. Très-belle ép. — Monté dessous. In-8, par *Mothey*. Superbe ép. avec l'adresse, marge. 2 p.

552 — Pour Frontispice de ses Œuvres, dans un encadrement d'architecture, d'ap. *Santerre*, par *Thomassin*. In-fol. Très-belle ép.

553 **DUSSEK**. Profil. In-4, par *Quenedey*. Très-belle ép.

554 **GAVEAUX** (P.). Profil. In-4, par *Quenedey*. Très-belle.

555 **GLUCK** (Christophe), d'ap. *Duplessis*, par *Miger*. In-fol. Très-belle ép. — Monté dessous, profil. In-8, par *Saint-Aubin*. 2 p.

556 — Profil à gauche. In-8, par *Aug. de Saint-Aubin*. Superbe ép., marge. In-4.

557 — Profil à droite. In-4, par *Quenedey*. Très-belle ép., marge. — Monté dessous, profil à droite ovale. In-8. 2 p.

558 **GOSSEC** (F.-J.). In-4, par *Quenedey*, profil à gauche. — In-4, par *J. Boilly*, pour l'Institut. 2 p. Très-belles ép.

559 **GRETRY** (A.-E.-M.), d'ap. *Mme Le Brun*, par *Cathelin*. Petit in-fol. Superbe ép., marge.

560 — Profil à gauche. In-4, par *Quenedey*. Très-belle.

561 — Étant âgé, d'ap. *Mellier*, par *Forget*. In-fol. — Monté dessous. In-8. Ovale, d'ap. *Isabey*, par *Simon*, toute marge. 2 p. très-belles.

562 **HABENECK** (F.), fondateur de la Société des Concerts. In-4, par *L. Massard*. Superbe ép. sur chine, toute marge.

563 **HANDEL** (Georg.-Friedrich), par *Breitkopf* und *Haertel*. In-fol.

564 **HAYDN** (Joseph), par *Chaponnier*, en tête du Frontispice de ses Œuvres, avant le titre. In-fol. Superbe ép., marge. — In-4, par *Quenedey*, profil à gauche. Très-belles ép., 2 p.

565 **HEROLD**, d'ap. le buste sur piédouche. In-4, manière noire avant toute lettre sur chine, marge. — Lithog. In-fol., par *Maurin*, 2 p. superbes.

566 **ISOUARD** (Nicolo), de Malte, profil à gauche. In-4, par *Quenedey*. Très-belle ép.

567 **JOMELLI** (Nicolas). Grand in-4. Belle ép.

568 **KREUTZER**. Profil à gauche. In-4, par *Quenedey*. Très-belle ép.

569 **LALOUETTE** (Jean-Fr.), d'ap. *Ferdinand*, par *J. Tardieu* filius. In-8. Superbe ép. avec adresse d'Odieuvre, marge.

570 **L'ANIER** (Nicolao), d'ap. *L. Lyvyus*, par *Lucas Vorsterman*, *Martinus vanden Enden excud*. Superbe.

571 **LE CLAIR** (Marie), d'ap. *A. Loir*, par *François*. In-fol. Très-belle ép., rare.

572 **LE GROS** (Joseph), d'ap. *Le Clerc*, par *Macret*. In-4. Superbe ép., marge.

573 **LE SUEUR** (Jean-François). In-4, par *Quenedey*, profil à gauche. — Lithog. In-4, par *J. Boilly*, pour l'Institut. 2 p. Très-belles.

574 **LITOLFF** (Heinrich). Lithog., par *Kriehuber*. In-fol. chine. Superbe ép., toute marge.

575 **LOCATELLI**. Ovale in-8. Eau-forte, par *Hillemacher*, avant la lettre, toute marge.

576 **LULLY** (Jean-Baptiste), par *Edelinck*. Petit in-fol. pour les Grands Hommes de Perrault. Superbe. — Monté dessous. In-8, par *Sornique*. Très-belle ép., marge. 2 p.

577 — Fac-simile du dessin grandeur naturelle de la collect. Lenoir qui se trouve chez Monseig. le duc d'Aumale. Grand in-fol. Rare.

578 — D'ap. *Paulus Mignard*, par *J.-L. Roullet*. Grand in-fol. Très-belle ép., sans marge.

579 **MARSOLLIER**, d'ap. *Deveria*, par *Lavalée*. In-8. — Jacques-Frédéric Mazas, Eau-forte ovale. In-8, par *F. Hillemacher*. — Mehul, profil. In-4, par *Quenedey*. 3 p. superbes.

580 **MEHUL** (Etienne). Lithog. In-4, par *J. Boilly*, pour l'Institut. — Profil à gauche, par *Quenedey*. In-4. 2 p. superbes.

581 **MEYERBEER** (Giacomo). Lithog. par *M. Alophe*, sur chine. In-fol. Superbe ép., toute marge.

582 **MONDONVILLE** (Jean-Joseph Cassanea de). Profil à gauche, d'ap. *Cochin*, par *Aug. de Saint-Aubin*. In-4. Superbe ép., marge.

583 **MONSIGNY**. Profil à gauche. In-4, par *Quenedey*. — Lithog. In-4, par *J. Boilly*, pour l'Institut. 2 p. superbes.

584 **MOZART** (W.-A.), d'ap. *Schmidt*, par *F. Muller*. — Par *Quenedey*, 2 profils à droite. In-4. — Salon du prince de Conty : Mozart enfant est au piano. In-fol., 3 p. très-belles.

585 **PAER** (F.). Profil à droite. In-4, par *Quenedey*. — Lithog. in-fol., par *Maurin*. 2 p. Très-belles ép.

586 **PAISIELLO**, d'ap. *Mme Lebrun*, par *Beisson*. In-fol. Superbe.

587 **PICCINI** (Nicolas), d'ap. *Robineau*, par *Cathelin*. In-fol. Superbe ép. avant toute lettre, marge.

588 — Le même avec la lettre. Superbe ép., petite marge.

589 **RAMEAU**, d'ap. *Restout*, par *Benoist*. In-4. Très-belle ép.

590 — Nouveau Parnasse lirique. *C. sol ut pinxit, G. re sol sculp*. In-fol., charge curieuse. Superbe.

591 — Si vous pouvez devinez comme, etc. — L'allégorie est assez claire, etc. 2 charges très-curieuses sur Rameau. Très-belles ép.

592 — Le Songe ou le Dodo, parodie du IVe acte de Dardanus, charge. Très-rare. Monté en dessin avec filets d'or.

593 **REBEL** (J.-B.), d'ap. *Watteau*, par *Moyreau*. In-fol. Superbe ép., marge.

594 **ROSSINI**, à mi-corps, par *Thévenin*. Magnifique ép. avant toute lettre, marge, signée à l'encre.

595 — Par *Masson*. In-4, avant la lettre. Superbe ép. sur chine, toute marge. — Monté dessous, d'ap. le buste *D'Alvarez*, par *Raff. Morghen*. In-4. Superbe ép.

596 **SACCHINI** (Antonio), d'après *Jay*, par *Cathelin*. Petit in-fol. — In-4, par *Quenedey*. 2 profils à gauche. Très-belles ép.

597 **SPONTINI** (G.). In-4, par *Quenedey*. Superbe.

598 — D'ap. *Vincent*, par *Bourgeois de la Richardière*, entouré de quatorze ronds avec les noms de ses œuvres. In-fol. Très-belle ép., toute marge.

599 **VERDI**, dans un entourage orné avec les noms de ses opéras. In-fol. Superbe ép. sur chine non fixé.

MUSICIENS EXÉCUTANTS

600 **CELONIATE** (Carolus). Premier violon, d'ap. *Bachelier*, par *Menil*, profil à gauche. Médaillon orné de fleurs. In-4. Superbe ép., rare.

601 **DU PORT** (J.-L.). Violoncelle, d'ap. *Cochin*, par *Mme Lingée*. In-8, profil. Superbe ép., marge.

602 **MARCHAND** (Louis). Organiste. In-8, d'ap. *Robert*, par *Dupuis*. Superbe ép. avec l'adresse. marge.

603 **MAZAS** (J.-F.). Eau-forte, ovale. In-8, par *Hillemacher*. 1er état avant la lettre sur chine non fixé. Superbe.

604 **PAGANINI**, d'ap. *Ingres*, par *Calamatta*. Petit in-fol. Superbe ép. avant la lettre, marge.

605 — Le même avec la lettre, sur ton jaune. Superbe ép., marge.

606 **PLEYEL** (J.), d'ap. *Hardy*, par *Nutter*. Petit in-fol. Très-belle ép., marge,

607 **VIOTTI** (J.-B.). Célèbre violon, compositeur et directeur de l'Académie royale de musique, d'ap. *Trosarelli*, par *H. Meyer*. Petit in-fo Superbe ép., marge.

CHANTEURS

608 **DUPREZ** (L.-G.). Lithog., par *A. Deveria* In-fol. Pour la Gazette musicale. Superbe.

609 **ELLEVIOU**, d'ap. *Riesner*, par *Audouin*. In-4. Superbe ép., marge.

610 **FARINELLI** (Carlo Broschi detto). D'ap. *Amiconi*. In-fol. Très-belle ép., marge.

611 **GUICHARD** (L.). D'ap. *Dumont* le jeune, par *Miger*. Grand in-8. Superbe ép., grande marge.

612 **JELIOTE** (Pierre). D'après *Toqué*, par *Cathelin*. In-fol. Très-belle ép., marge.

613. **LABLACHE**, rôle de Falstaff. Lithog., par *Salabert*. In-fol. Belle ép.

614 **LAVIGNE**, d'ap. *Favard*, par *J. Prudhon* fils. In-4. Superbe ép., marge.

615 **MARTIN**, d'ap. *Riesner*, par *Bertonnier* et *Audouin*. In-4. Superbe ép., marge.

616 **MENICUCIUS** (Raphael). Grand in-8, par *Mellan* avec adresse d'Odieuvre et l'adresse effacée. 2 p. Très-belles ép., marge.

617 **NOBLET** (Charles). D'ap. Jean-Bte *Pourvoyeur*, par Mlle Elisabeth *Pourvoyeur*. In-4. Très-belle ép. Rare.

618 **PONCHARD**, d'ap. *Galimard*, par *Paul Chenay*. Petit in-fol. sur chine. Superbe ép. avant la lettre, marge.

619 **RUBINI**. Lithog., par *A. Deveria*. In-fol. Très-belle ép.

620 **THEVENARD** (Gabriel-Vincent). D'ap. *Geuslin*, par *G.-F. Schmidt*. Très-belle ép., avec l'adresse, marge.

ACTEURS

621 **ARNAL**. Lithog. petit in-4 pour le Monde dramatique, par *Gavarni*.

622 **BAPTISTE**, d'ap. *Berteaux*, par *Vilrey*. Ovale in-8. Très-belle ép.

623 **BARON** (Michel). D'ap. *De Troy*, par *P. Dupin*. In-8. Superbe ép. avec l'adresse.

624 **BELLECOURT** (Madame). D'ap. *Dutertre*, par *Chapuis*, en pied. — M. **BELLECOUR** en pied. 2 p. grand in-8 en couleur. Superbes.

625 **BONNEVAL**, rôle de Géronte, en pied. Grand in-8 en couleur. Superbe.

626 **BOUFFÉ**, lithog., par *T. V.* In-4 pour la galerie de la Presse. Superbe.

627 **BRIZARD**, d'ap. Mme *Guiard*, par *J.-J. Avril*. In-fol. Très-belle ép., marge. — Monté dessous d'ap. *Deveria*, par *J. Adam*. In-8. Toute marge.

628 — (Jean-Baptiste), rôle du vieil Horace. Très-grand in-8, d'ap. *Dutertre*, par *Janinet*, en couleur. Superbe ép., marge.

629 **CAILLOT** (Joseph), né à Paris, d'ap. *Voiriot*, par *Miger*. In-4. Très-belle ép.

630 — Rôle de Tom Jones, d'ap. *Dutertre*, en pied. — Son costume, rôle de Julien dans le Sorcier. 2 p. Grand in-8 en couleur. Superbes ép., marge.

631 **CARLIN** dans Arlequin, statue. — Mlle **CARLINE**, rôle de Julie. 2 costumes. In-8 en couleur. Très-belles ép.

632 **CHERON**, d'ap. *Deveria*, par *Calamata*, avant toute lettre sur chine. — Avec la lettre. 2 p. in-8. Superbes ép., marge. — Costumes, rôle d'Agamemnon. — Rôle d'Œdipe. 2 p. in-8 en couleur. En tout, 4 p.

633 **CLAIRVAL**, rôle de Colin, d'ap. *Simonet*, par *Devaux*, en pied. Petit in-fol. Très-belle ép. Rare. — Rôle d'Azor. — Rôle de Blondel. Ces 2 costumes in-8 en couleur. 3 p.

634 **COLON** (Jenny). Rôle de Sarah. Lithog., par *Gavarni*. Gr. in-8 pour le Monde dramatique.

635 **CONSTANTINI** (Angelo), dit Mezetin, d'ap. *De Troy*, par *Vermeulen*. Grand in-fol. Très-belle ép., petite marge. — La tête seulement fac-simile du dessin dans la collect. de M. le duc d'Aumale. 2 p.

636 **COQUELIN**, rôle de Tabarin. Superbe ép., in-4, eau-forte, par *Regamey*, sur chine, non fixé. Très-grande marge.

637. — En pied, en rôle, eau-forte, par *E. Selle*. Superbe ép. in-8, sur chine, non fixé. Grande marge.

638 **DÉJAZET** (Mlle). Lithog. in-4 pour la galerie de la Presse. Superbe.

639 **DESESSARTS** (Denis-Dechanet). D'après *Ingouf* l'aîné, par *Thomas*. In-fol. Superbe ép., avant la lettre, marge. Très-rare. — Monté dessous, le même avec la lettre. Très-belle ép. Rare. 2 p. montées en dessin avec filets d'or.

640 **DOMINIQUE** (Joseph). D'ap. *Ferdinand*, par *Habert*. In-4. Superbe ép., petite marge.

641 **DUGAZON**, rôle de Forbignac, d'ap. *D.-P. Bertaux*, par *Janinet*. — Costume dans le Menteur. 2 p. Grand in-8 en couleur. Superbes ép., marge. — D'ap. *Deveria*, par *Ethiou*. In-8. Superbe ép., toute marge.

642 **FAVART** (Mme), d'ap. *Cochin*, par *Flipart*. In-8, avec quatre lignes de vers. Superbe ép. — M. **FAVART**, d'ap. *Mehu*, par *Lejeune*. In-8. Superbe ép., toute marge. 2 p.

643 — La même. — M. **FAVART**, d'ap. *Liotard*, par *Littret*. 2 p. in-8. Superbes ép., marge.

644 — La même. — Rôle de Roxelane en pied, en couleur. In-8. Superbes ép., marge. 2 p.

645 — La même. — Ninette en pied. In-8 par *Le Bas*. Frontispice du tome III. 2 p. Superbes.

646 — Rôle de Bastienne en pied. Grand in-fol., d'ap. *Vanloo*, par *Daullé*. Superbe ép. Grande marge.

647 **GARRIK** (David), D'ap. *Reynolds*. Ovale en couleur. — Rôle de Richard III, en pied, en couleur. 2 p. in-8. Superbes ép., marge.

648 **GRANGER**, rôle de Vauglonne. — Costume dans le rôle de Lys. 2 p. Grand in-8 en couleur. Superbes ép., grande marge.

649 **KOCH** (H.-G.). Par *Bause*. Petit in-fol. Superbe.

650 **LARUETTE** (J.-L.). D'après *Cochin*, par *Miger*. Rond in-8. — Rôle de La Bride. In-8, en couleur. 2 p. Superbes ép., marge.

651 **LA TOURILIERE**, in-fol., d'ap. *Watteau*, *Du Bosc ex.* Très-belle ép.

652 **LE KAIN**, d'ap. *Le Noir*, par *Aug. de Saint-Aubin*. In-fol. avant la lettre.

653 **MICHU**, ovale en couleur, par *Coutellier*. Superbe ép. in-4, toute marge.

654 — Rôle de Blaise. Grand in-8 en couleur. Superbe ép., grande marge.

655 **MILLOT**, en pied, d'ap. *Car. Dauphin*, par *Thourneysen*. In-fol. Superbe ép.

656 **MOLÉ** (François-René). D'ap. *Aubry*, par *A. de Saint-Aubin*. In-4. Marge.

657 — Rôle du Misantrope. — Costume dans l'Amant bourru. Superbes ép., marge. — Rôle de Nerestan. 3 p. in-8 en pied en couleur. — D'ap. *Deveria*, par *Simonet* aîné. In-8. Toute marge.

658 **MONDOVI**, d'après *Dom. Feti*, par *N. de Larmessin* In-fol. Très-belle ép., marge.

659 **MONVEL**, d'ap. *Deveria*, par *A. Massard*. In-8. Superbe ép., toute marge.

660 **NAUDÉ**, rôle de Pharasmane. In-8 en couleur. Belle ép.

661 **ODRY**, rôle de Beldame. Lithog. grand in-4, par *Charlet*. Rare.

662 **PHILIPPE**, rôle d'Alcindor. In-8 en couleur. Superbe ép., grande marge.

663 **PLESSIS** (Mlle). Lithog. in-4 pour la Galerie de la Presse. Très-belle ép.

664 **PRÉVILLE** (P.-L.-Dubus). Par *Alix*, son filleul, avec trois scènes au bas. Petit in-fol. en couleur. Superbe.

665 — D'ap. *Deveria*, par *Aubert*. — Rôle de Crispin, d'ap. *Dutertre*, par *Ridez*, en couleur. 2 p. in-8. Très-belles.

666 — Par *J.-B. Michel*, 1787, avec scène au bas. In-fol. — Monté dessous rôle de Crispin, d'ap. *Dutertre*, par *Janinet*. In-4 en couleur. 2 p. très-belles, montées en dessins avec filets d'or.

667 **ROUSSEAU**, rôle de Renaud, d'après *Dutertre*, par *Phelippaux*. — Rôle d'Hippolyte. 2 p. in-8, en pied, en couleur. Très-belles ép.

668 **SAINT-FAL**, rôle de Patrocle. — Rôle de Zeangir. 2 p. In-8, en pied en couleur. Très-belles ép.

669 **SAINT-PRIX**, rôle d'Oreste. In-8 en couleur. Très-belle.

670 **SAINT-VAL** (Mlle), rôle de Zulna. — Rôle d'Iphigénie. 2 p. in-8 en couleur. Très-belles.

671 **SARAZIN**. rôle de Thesée. In-8 en couleur. Très-belle ép.

672 **TALMA** (François-J.). D'ap. *Gerard*, par *Girard*, 1819. Petit in-fol. Très-belle ép., petite marge.

673 — D'ap. *Picot*, par *Lignon*, 1824. Superbe ép., avant toute lettre, signée par le graveur.

674 — Le même, avant la lettre sur chine, avec le fleuron au masque, en bas. Superbe ép., toute marge.

675 — Le même, avec la lettre. Très-belle ép., toute marge.

676 **TRIAL**, rôle du Père-la-Joie. In-8 en couleur. Superbe ép., toute marge.

677 **TRIAL** (Mme), rôle de la belle Arsene. In-8 en couleur. Très-belle ép.

678 **TUE** (Costume de M.), ou dit Laruette. In-8 en couleur.

679 **VANHOVE**, rôle d'Auguste. In-8 en couleur. Très-belle ép.

680 **VESTRIS** (Mme), rôle de Jeanne de Naples. — Rôle de Pauline. 2 p. in-8 en couleur. Très-belles.

681 **VICENTINI** dit Thomassin, dans son costume d'Arlequin, en buste, tenant son masque. In-fol. D'ap. *La Tour*, par *T. Bertrand*. Superbe ép. Très-rare.

ACADÉMIE

La Collection réunie de l'Académie, du n° 682 au n° 1003, sera présentée sur table pour la somme de **1,500 francs**. Si ce prix n'est pas couvert, elle sera divisée.

682 Armes de France entourées de lauriers, les noms sont sur les feuilles, au-dessus de la boule petit médaillon de **Richelieu**, Cardinal, au-dessous de la boule, le médaillon du Chancelier **Seguier**; en bas : *A Messieurs de l'Académie Française soubs la protectio.* DV ROY in-4, d'ap. *Sevin*, par *Gantrel*. Superbe et rare.

683 **RICHELIEU** en pied, de la galerie cardinale, in-fol. superbe.

684 — A mi-corps, par *Rousselet*, petit in-fol. Superbe ép., marge.

685 — Dirigé à droite, ovale équarri, petit in-fol. Superbe ép., grande marge.

686 — Par *J. Lubin*, petit in-fol., pour les Grands Hommes de Perrault. — Monté dessous, in-8, par *Sornique*, d'ap. *Nanteuil*. 2 p. superbes.

687 **SEGUIER** (Le Chancelier), en pied, assis, de la galerie cardinale, in-fol. Très-belle.

688 — Par *Mellan*, petit in-fol. Très-belle ép., sans marge, 1er état. — Monté dessous, le même, la planche coupée, in-4, marge, 2 p.

689 — Par *J. Lubin*, petit in-fol. pour les Grands Hommes de Perrault. — Monté dessous, de la suite de *Daret*, 2 p.

690 **ABEILLE** (Gaspard), d'après un ancien tableau de la galerie de Versailles.

691 **AGUESSEAU** (Hen.-Cardin.-Jean-Baptiste), en pied. Grand in-8, pour le Sacre de Louis XVI. Seul portrait qui existe.

692 **AIGNAN** (Etienne), poète lyrique, in-8, suite de *Tardieu*, sur Chine. — Lithog. in-4, par *J. Boilly*, pour l'Institut. — Monté dessous in-8, de *Tardieu*. 3 p. superbes.

693 **ALBERT** (Paul d') de Luynes, cardinal, d'ap. *Latinville*, par *Fessard*, in-fol. Très-belle.

694 **ALEMBERT** (J. d'), d'ap. *Jollain*, par *Henriquez*, in-fol. — Monté dessous grand in-8, par *Dupin*, d'ap. *Pujos*. 2 p. Superbes ép., marge.

695 — Dessiné par *Bounieu*, d'ap. *Houdon*, in-fol. par *Malœuvre*. — Montés dessous, in-4, d'ap. *Pujos*, par *Malœuvre*. — Le même, la planche coupée en ovale et intercalé dans un entourage, petit in-4. 3 p. Très-belles.

696 — Grandeur naturelle, fac-simile du dessin dans la collect. de Monseig. le duc d'Aumale.

697 — Par *Alix*, ovale petit-in-fol. en couleur. — Monté dessous, profil d'ap. *Cochin*, in-4, par *Cathelin*. 2 p. Très-belles ép., montées en dessin.

698 — Et *Diderot* entourés des vingt auteurs de l'Encyclopédie, petit in-fol. — Montés dessous, in-8, d'ap. *Houdon*, lettre grise et avec la lettre, 3 p., par *Saint-Aubin*. Superbes ép. montées en dessin.

699 Frontispice de l'Encyclopédie, in-fol. d'ap. *Cochin*, par *Prevost*. Superbe ép., marge vierge.

700 **ANCELOT.** Lithog. in-4, par *M. Alophe*, pour la Galerie de la Presse. — Mme ***Ancelot***, in-12, d'après *Gigoux*. — Monté dessous, ***Ancelot***, en pied, assis, par *Lacauchie*, 3 p.

701 **ANDRIEUX.** Lithog. in-4, par *J. Boilly*. — Monté dessous in-8, d'ap. *Deveria*, par *Potrel*, 2 p. superbes.

702 **ARGENSON** (M. R. de Paulmi d'), in-fol., par *Pitau*. Superbe.

703 — (Marc René, marquis de Voyer), profil, in-4, d'ap. *Cochin*, par *Watelet*.

704 **ARNAUD** (François), abbé de Grandchamp, in-fol., d'ap. *Duplessis*, par *Valperga*.

705 **ARNAULT** (Antoine-Vincent). Lithog. in-4, par *J. Boilly*. — Monté dessous, profil à l'eau-forte, par *Dutertre*. — Ovale in-8, par *Tardieu*. — In-8, d'après *Deveria*, par *Pelée*. 4 p. superbes.

706 **AUGER** (Louis-Simon). Lithog. in-4, par *J. Boilly*, pour l'Institut. Superbe.

707 **AUGIER** (Emile). In-4, par *Masson*, d'ap. *Nadar*. Très-belle ép. sur Chine, marge.

708 **AUMALE** (Henri d'Orléans, duc d'). In-fol. Lithog. par *Maurin*. Superbe.

709 **BAILLY** (Jean-Sylvain). Ovale en couleur, par *Alix*, in-fol. — Montés dessous, profil, manière noire, petit in-4, chez *Haid*. — Ovale in-8. collect. Bonneville. 3 p. montées en dessin.

710 — Profil à droite, d'ap. *Boizot*, par *Miger*, petit in-fol. — Monté dessous, profil à gauche, rond orné de chêne depuis l'anneau, in-8. 2 p. Superbes ép., marge.

711 — Le même, par *Miger*, 1er état, avant la branche de lauriers, et avec une tablette tenue par deux clous, le milieu de la tablette est blanc. — Le même, terminé, la tablette agrandie et tenue par quatre clous. — Monté dessous, le même réduit in-8. 3 p.

712 **BALLANCHE**. Petite eau-forte, Gal. des Contemporains illustres. Toute marge, superbe.

713 **BALLESDENS** (Jean), in-4, par *M. Lasne*. Très-belle.

714 **BALZAC** (J.-L. Guez de), par *J. Lubin*, petit in-fol., marge. — Monté dessous, ovale in-8, par *Tardieu*. 2 p. superbes.

715 — Ludovicvs Balzacivs, in-8, par *M. Lasne*, sans marge, superbe.

716 **BARO** (Balthazar), de Valence, in-8, par *M. Lasne*, d'ap. *Ferdinand*, signé P. Mariette, 1660. Très-belle ép.

717 **BAOUR-LORMIAN** (P.-M.-F.-L.). Lithog. in-4, par *J. Boilly*, pour l'Institut. — Monté dessous in-8, par *Frilley*. 2 p. superbes, toute marge.

718 **BARANTE** (De). Lithog. in-fol., par *Maurin*. Monté dessous, petite eau-forte pour la Gal. des Contemporains illustres. 2 p. superbes, toute marge.

719 **BARTHELEMY** (J.-J.). Profil à droite d'ap. nature, par *Saint-Aubin*, in-8, toute marge, superbe. — Petit in-fol., par *Langlois*, d'ap. *Houdon*. 2 p.

720 **BAUSSET** (Louis-François), cardinal, d'ap. *Labby*, par *Dequevauvillers*, in-fol. — Monté dessous, lith. in-4, par *J. Boilly*. 2 p. superbes, toute marge.

721 **BAZIN DE BEZON** (Claude). In-fol. signé A. Mariette, 1689.

722 **BELLOY** (Pierre-Laurent de). In-8, d'ap. *Desrais*, par *Lebeau*, profil à gauche. — Profil à droite, in-4, par *Littret*. — Médaillon soutenu par le Génie et par la ville de Calais qui le couronne, grand in-fol. d'ap. *Joullain*, par *Lempereur*. — Monté dessous in-8, d'ap. *Deveria*, par *Bonvoisin*. Toute marge. 4 p.

723 *Le Siège de Calais*, très-grand in-fol. d'ap. *Berthelemy*, par *Anselin*. Belle ép. pliée en deux.

724 **BENSERADE** (Isaac de). Petit in-fol., par *Edelinck*, pour les Grands Hommes de Perrault. — Monté dessous in-8, par *Desrochers*. 2 p. Marge.

725 **BERNARD** (Claude). Lith. in-4, par *Maurin*. Superbe.

726 **BERNIS** (F.-J. Cardinal de), d'ap. *Callet*, par *Cunego*, petit in-fol. — Monté dessous in-8, avant toute lettre, marge. — Petit ovale, par *Le Mire*. 3 p. superbes.

727 — Petite ovale, par *Le Mire*, avec le texte du titre de ses œuvres, dessiné à la mine de plomb. — In-12, par *Saint-Aubin*, lettre grise et avec la lettre. 3. Superbes ép., marge.

728 **BERRYER**. Lithog. in-fol., par *Maurin*. Superbe.

729 **BIGNON** (Jean-Paul), d'ap. *Rigaud*, par *Thomassin*, in-fol. Superbe ép., marge.

730 — D'ap. *Vivien*, par *Benoit-Audran*, in-fol. Superbe ép.

731 **BIGNON** (Armand-Jerosme). In-4, d'ap. *Drouais*, par *Ingouf*. Superbe ép., marge.

732 **BIGOT DE PREAMENEU** (Comte). Lithog. in-4, par *J. Boilly*, pour l'Institut. Superbe.

733 **BIOT**. Lithog. d'ap. nature, par *Maurin*, in-fol.

734 **BOILEAU** (Gilles), greffier du Parlement, père de Boileau-Despréaux. In-fol. par *Nanteuil* (R. D. 43). Superbe ép. avant-dernier état.

735 **BOILEAU-DESPRÉAUX** (Nicolas). Ovale in-fol. en couleur, par *Alix*. Superbe.

736 — Médaillon soutenu par la Satyre au-dessus du Parnasse. Frontispice in-fol., par *B. Picart*. Magnifique ép. avant toute lettre.

737 — D'ap. *De Piles*, in-4, par *Drevet*. — Monté dessous in-8, par *C. Roy*. Belle ép., marge. 2 p.

738 — D'ap. *Rigaud*, in-8, par *Savart*. Très-belle ép.

739 **BOISSY** (Louis de). Profil in-8, par *Cochin*. Belle.

740 **BONALD** (L.-G.-A. Vicomte de). Lithog. in-4, par *J. Boilly*

741 **BONAPARTE** (Louis). Eau forte, par *Dutertre*. — Par *Mauduison*, pour Furne. 2 p. in-8. Superbes.

742 **BOSSUET** (Jacques-Benigne), évêque, d'ap. *Sergent*, par *Madame de Cernel*, ovale in-4. — Consolant les villageois, par *Moret*. 2 p. en couleur. — Montés dessous in-8, d'ap. *Rigaud*, par *De Longueil*. — In-8, par *Roy*, avec l'adresse, et l'adresse effacée. 5 p. Très-belles.

743 — In-fol., par *Poilly*. Superbe. ép., marge. — Monté dessous, ovale intercalé dans un entourage, petit in-fol. 2 p.

744 **BOUFFLERS** (Stanislas-Jean Chevalier de). Lithog. in-4, par *J. Boilly*. — D'ap. *Deveria*, par *Ethiou*, — D'après *Hilaire le Dru*, par *Delvaux*, ces 2 p. in-8. En tout, 3 p. Superbes.

745 **BOUHIER** (Jean). In-8. Gal. de Versailles.

746 **BROGLIE** (De). Lithog. in-fol., par *Maurin*. Superbe.

747 **BUFFON**. Ovale in-fol., par *Alix*, en couleur. — Montés dessous in-8, par *Baron*. — In-4, par *Chevillet*, d'ap. *Drouais*. 3 p. très-belles, montées en dessin.

748 —, (Comte de), d'ap. *Houdon*, par *Hubert*, in-fol. — Montés dessous in-8, par *Savart*. — Médaillon sur un obélisque, par *Saint-Aubin*. 3 p. Très-belles.

749 — In-12, par *Cathelin*, d'ap. *Drouais*, avant et avec la lettre, marge. — In-fol., par *Cathelin*. 3 p.

750 **CABANIS**. Ovale in-8, avant toute lettre. — Ovale in-8, par *A. Tardieu*. 2 p. superbes, toute marge.

751 **CAILHAVA** (Jean-Fr.). In-8, d'ap. *Pujos* par *Gaucher*. Belle ép., remargée.

752 **CAMPENON** (F.-N.-V.). Lithog. in-4, par *J. Boilly*. — Monté dessous in-8. 2 p. Superbes, toute marge.

753 **CAMPISTRON**. In-8, par *Delvau*. — Monté dessous, in-18, par *Delvau*. — In-8, d'ap. *Deveria*, par *Adam*. — Monté dessous, in-18, pour Touquet. 4 p. Belles ép.

754 **CESSAC** (G.-J. Lacuée Comte de). Lithog. in-4, par *J. Boilly*. Superbe.

755 **CHAMFORT**. Rond in-8, d'ap. *La Tour*, par *Larcher*, — monte dessous, **Chamfort**, in-18 pour *Touquet*. 2 p. très-belles.

756 **CHAPELAIN** (Jean), par *Nanteuil ad vivum*. Petit in-fol. (R. D. 60). Magnifique ép. 1er état de la Collect. L. E. O.

757 **CHATEAUBRIAND** (Vicomte de). Grand in-4, d'ap. *Girodet*, par *Laugier*. — Montés dessous, in-8, dirigé à droite, par *Hopwood*. — In-8, par *Waltner*, 3 p. superbes.

758 — Sur son lit de mort. in-fol. avant toute lettre. Très-rare. Superbe.

759 **CHENIER** (Marie-Joseph). Ovale, par *Prevost*, — d'ap. *Deveria*, par *Dequevauvillers*. — monté dessous, ovale, *Bonneville*, — Petit ovale, profil à gauche. 4 p. superbes.

760 — D'ap. *Lefebvre*, par *Boutelou*, avec la scène de Charles IX au-bas, in-8. — Henri de Bourbon. — Catherine de Médicis. — Ch. de Lorraine, Cardinal. — G. de Coligny. — F. de Lorraine, duc de Guise. — M. de l'Hôpital. — Charles IX. Ces 8 petits portraits ovales. — Vignettes pour la pièce de Charles IX, in-8, d'ap. *Borel*. 3 p. avant la lettre et 3 avec la lettre. Superbes. En tout, 14 p.

761 **CHOISEUL-GOUFFIER** (Comte de). In-fol. d'ap. *Boilly*, par *Dien*. Superbe ép. avant la bordure et avant la lettre, marge.

762 — Le même, avec la lettre. — Monté dessous in-8, par *Boutrois*. Marge, 2 p. superbes.

763 **COISLIN** (Armand de Cambout, duc de). — Pierre de Cambout, duc de. — Henri-Charles de Cambout, duc de. 3 p. in-8, de la Gal. de Versailles. Superbes.

764 **COLARDEAU** (Charles-Pierre). In-4, d'ap. *Trinquesse*, par *Madame Lingée*. Profil à droite, superbe ép. Sanguine.

765 — Profil à gauche, grand in-8, par *Pruneau*. — De face, d'ap. *Voiriot*, in-8. — Monté dessous in-18, par *Lépine*, édition Cazin. 3 p. Superbes ép., marge.

766 **COLBERT** (Jean-Baptiste), par *J. Lubin*, petit in-fol. — Monté dessous in-8, par *Dupin*, d'ap. *Champagne*. 2 p. Superbes ép., marge.

767 **COLBERT** (Jacob-Nicolas), archevêque de Rouen, grandeur naturelle, par *Nanteuil* (R. D. 77). Belle ép.

768 **COLLIN D'HARLEVILLE**, par *Dequevauvillers*. — D'ap. *Deveria*, par *P. Adam*. — D'ap. *Boilly*, par *Delvaux*. 3 p. in-8, toute marge, superbes.

769 **CONDILLAC**. Ovale in-fol. en couleur, par *Alix*. — Monté dessous, in-8, d'ap. *Jacob*, par *Goulu*. 2 p. très-belles, montées en dessin.

770 **CONDORCET** (Caritat de), par *Levachez*, avec scène au-bas, par *Duplessi-Bertault*, et texte gravé in-fol. — Montés dessous, ovale, *Bonneville*. — Carré. — Ovale équarri, par *Portman*. 4 p. très-belles.

771 — In-8, lithog. par *Julien*. — In-4, procédé *Collas*, d'ap. la médaille de David d'Angers. 2 p.

772 — Se donnant la mort dans sa prison, petit in-fol., d'ap. *Fragonard* fils, par *Berthault*, avant la lettre. Le même avec la lettre. — Monté dessous in-8, d'ap. *Aug. Scheffer*, par *Pourvoyeur*. Sur Chine. 3 p. superbes.

773 **CONRART** (Valentin), d'ap. *Le Feure*, par *Cossin*, in-fol. Superbe ép. rare, petite marge.

774 **CORNEILLE** (Pierre), par *J. Lubin*, petit in-fol. — Montés dessous in-8, par *Dupin*. — In-12, de profil, par *Saint-Aubin*. 3 p. superbes avec marge.

775 — Ovale, petit in-4, de la collect. de *Moncornet*. Très-belle.

776 **CORNEILLE** (Thomas), in-fol., par *Thomassin*. Superbe ép., 1708, — montés dessous, in-8, par *Dupin*. — Profil in-12, par *Saint-Aubin*. 3 p. superbes, avec marge.

777 — Fac-simile, grandeur naturelle du dessin dans la collect. de M. le duc d'Aumale.

778 **COTTIN** (L'abbé). In-8, par *Casenave*. — **Cousin** (Louis), 1697, in-8, Gal. de Versailles. 2 p. très-belles.

779 **COUSIN** (Victor). In-fol., par *Maurin*, lithog. — Montés dessous in-8, ovale sur Chine, avant toute lettre, par *Tardieu*. — Le même, avec la lettre. 3 p. superbes, toute marge.

780 — Par *Masson*, d'ap. *Nadar*, in-4, avant et avec la lettre. 2 p. superbes, toute marge.

781 **CREBILLON** (Prosper-Joliot de), d'ap. *Aved*, par *Balechou*. Superbe ép. in-4, marge Monté en dessin.

782 — Par *Ficquet*, in-8. Magnifique ép. avant les noms d'artistes.

783 — In-4, par *Saint-Aubin*, d'après le buste de *Le Moine*. Superbe ép. avec adresse chez l'auteur, marge.

784 — Le même, superbe ép. l'adresse effacée.

785 — D'ap. *La Tour*, par *Moitte*, grand in-4. — Monté dessous, in-8, par *Cathelin*. 2 p. — Fac-simile du dessin dans la collect. de M. le duc d'Aumale. 3 p.

786 **CRECY** (Louis Verjus comte de), demi-nature, par *Masson*, ad vivum (R. D. 23). Superbe ép.

787 **CUVIER** (Baron). Lithog. in-4, par *J. Boilly*. — Monté dessous grand in-8, par *Madame Fournier*, dans un entourage orné de *Feart*. Superbe ép. sur Chine. 2 p. Toute marge.

788 **DACIER** (André). — Anne Le Fevre, sa femme, 2 p. in-8, par *Gaillard*, d'ap. *Ferdinand*. — **Dacier** (Bon.-Joseph). Lithog. in-4, par *J. Boilly*. 3 p. superbes.

789 **DANCHET** (Antoine). Chez *Daumont*. — Le Marquis de **Dangeau**, d'ap. *Rigaud*, par *Boutrois*. 2 p. in-8. Belles ép., toute marge.

790 **DARU** (Comte). In-4, en couleur, lithog. in-fol., par *Belliard*. — Monté dessous, lithog. in-4, par *J. Boilly*. — Monté dessous ovale in-8, par *Tardieu*. 5 p. superbes, toute marge

791 **DELAVIGNE** (Casimir). Lithog. in-fol., par *Maurin*. — Monté dessous, lithog. in-4, par *J. Boilly*. 2 p. — In-8, dans un encadrement, — par *Casenave*. En tout, 4 p.

792 **DELILLE** (Jacques). In-fol., d'ap. *Pujos*, par *Vangelisty*. — monté dessous, in-8, par *Lecerf*. Avant la lettre. 2 p. superbes, avec marge.

793 — D'ap. *Monnier*, par *Young*, manière noire, in-fol. — Monté dessous, ovale in-8, par *Bonneville*. 2 p. Superbes.

794 **DESTOUCHES** (Ph. Nericault), par *Macret*. Chez *Daumont*. — Par *Vander Schley*. — D'ap. *Deveria*, par *Casenave*. — Monté dessous par *Ingouf*, in-12. En tout, 5 p. Très-belles, avec marges.

795 **DOUJAT** (Jean), In-4, par *Habert*. Magnifique ép., marge.

796 — Le même, superbe ép., — D'ap. Marg. Gillet *Cossin*, par *L. Cossin*. In-4. Superbe. 2 p. avec marge.

797 **DROZ** (Joseph), par *J. Porreau*, in-8, en bistre. — L'abbé **Dubos**, in-8. 2 p. Superbes, toute marge.

798 **DUBOIS**, Cardinal, petit in-fol., chez *Masson*, avec six vers dans la tablette. — Monté dessous in-8, par *Roy*, avec adresse. — Le portrait de chez Masson, coupé en ovale, et intercalé dans un entourage. 3 p.

799 **DUCIS**, d'ap. Mme *Guiard*, par *Avril*, in-fol. — Monté dessous in-8, d'ap. *Mehu*, par *Dequevauviller*. — Le Portrait, in-fol., par *Avril*, son nom reste, mais son adresse est effacée. 3 p.

800 **DUCLOS** (Charles). Profil à gauche, in-4, par *Cochin*. — Monté dessous in-8, d'ap. *Vanloo*, par *Adam*. 2 p. Superbes et toute marge.

801 **DUFAURE**, d'ap. *Isabey*, lithog. in-fol., par *Belliard*. Superbe.

802 **DUMAS** (Alexandre), fils, d'ap. *Meissonier*, en pied, assis, eau-forte in-4, par *Mongin*. Superbe ép. sur Chine, marge in-fol.

803 **DUPATY** (E.), d'ap. *Deveria*, par *A. Massard*. — Lithog. par *Gavarni*, pour le Monde dramatique. 2 p. in-8. Superbes ép., marge.

804 **DUPIN** aîné, en pied dans son cabinet. Grand in-fol., manière noire d'ap. *Duval le Camus*, par *Sweboch*, avant la lettre. — Monté dessous. In-8 ovale, *Tardieu*. — A claire-voie, *Tardieu* direxit. — Lithog. in-fol., par *Maurin*. 4 p. très-belles.

805 **DURAS** (Em.-Fél. De Durfort de), d'après *Queverdo*, par *Dembrun*. Petit in-fol. Très-belle ép., rare.

806 **DURESNEL** (L'abbé) ? VIR ET CIVIS. En pied assis écrivant, de profil à gauche. Petit in-fol par *De Carmentelle*, 1761, par *Delafosse*. Très-belle ép., marge, monté en dessin.

807 **DUVAL** (Alexandre). Lithog. In-4, par *J. Boilly*. — Monté dessous. In-8, d'ap. *L. Boilly*, par Alex. *Tardieu*. — Par *Delvaux*. — D'ap. *Deveria*, par *Bertonnier*. — EMPIS (Adolphe). In-8, par *J. Porreau*, en bistre. 5 p. superbes, toute marge.

808 **ESTRÉES** (César d'), cardinal. Grand in-fol., d'ap. *De Troyes*, par *Edelinck*, un peu rogné du bas.

809 — In-fol., par *Nanteuil* (R. D. 92). Très-belle ép.

810 **ESTRÉES** (Maréchal d'), d'ap. *Vanloo*, par *De Lorraine*. — Monté dessous, chez *Bligny*. 2 p. in-4. Très-belles ép.

811 **ETIENNE** (Charles-Guillaume). Lithog. In-4, par *J. Boilly*. — Monté dessous. Ovale in-8, par *Tardieu*. — D'après *Deveria*, par *Dequevauviller*. 3 p. superbes, toute marge.

812 **FALLOUX** (De). Lithog. In-fol, par *Belliard*. Jules FAVRE. Lithog. Petit in-4, par *Farcy*, sur chine. 2 p. superbes, toute marge.

813 **FÉNELON**. Ovale intercalé dans un entourage. Petit in-fol. — Monté dessous. In-8, d'ap. *Vivien*, par *Daullé*. — Par *Gaucher*. 3 p. très-belles.

814 — En haut du titre, Frontispice de Télémaque. In-4, par *Tilliard*. — Monté dessous. In-8, par *Dupin*, marge. 2 p.

815 — Profil à droite. In-8. — D'ap. *Vivien*. In-4. 2 p. par *Saint-Aubin*. Ep. très-belles avec marge.

816 **FERRAND** (Comte). Lithog. In-4, par *J. Boilly*, pour l'Institut. Superbe.

817 **FLÉCHIER** (Esprit), évêque de Nismes. In-4, d'ap. *Rigaud*, par *Edelinck*. Superbe ép., marge. — Monté dessous. In-8, chez *Daumont*, marge, par *Marlié-Lepicié*. — In-12, par *Saint-Aubin*. 4 p.

818 **FLEURY** (André-Hercule), cardinal, d'ap. *Rigaud*. Grand in-fol., par *Drevet*. Très-belle ép., marge. — Monté dessous. In-8, par *C. Roy*, marge. 2 p.

819 — Médaillon soutenu par Diogène, d'ap. *Antreau*, par *Thomassin*. Grand in-fol. Très-belle.

820 **FLEURY** (Claude), prieur d'Argenteuil. In-8, d'ap. *Roussel*, par *Sornique*. Très-belle ép., marge.

821 **FLORIAN**. In-8, d'après *Queverdo*, par *Delignon*. Profil à gauche. — D'ap. *Deveria*, par *Lefevre*. 2 p. superbes.

822 — In-4, profil à gauche, attributs de Don Quichotte et pastorale en bas. — Monté dessous, ovale in-8, *Bonneville*. 2 p.

823 **FONTANES** (L.). Lithog., par *Belliard*. In-fol. Superbe.

824 **FONTENELLE**. Ovale. In-4, en couleur, par *Sergent*. — Méditant sur la pluralité des mondes, en couleur, par *Moret*. — Montés dessous. In-12, par *Saint-Aubin*, avec la lettre, la tablette blanche. — Le même, la tablette ombrée. 4 p. très-belles, montées en dessin.

825 **FRANÇOIS DE NEUFCHATEAU.** Lithog. In-4, par *J. Boilly.* — Monté dessous, ovale in-8. *Bonneville.* — D'ap. *De Noireterre*, par *Velyn*, avant la lettre. — Le même avec la lettre imp. en couleur. 4 p. Superbes ép., marge.

826 **FRAYSSINOUS**, évêque. Lithog. Petit in-fol. avant la lettre, toute marge. Superbe.

827 **FURETIERE** (Antoine). Petit in-fol., par *Habert.* Superbe ép., marge.

828 — Dirigé à gauche, d'après *De Seve*, par *Edelinck.* In-fol. Superbe ép., sans marge.

829 — Dirigé à droite, par *Thomassin.* In-fol. — Monté dessous. In-8, par *Desrochers.* Très-belles ép., marge. 2 p.

830 **GAILLARD**, d'après *Carmontelle*, par *Barrois.* In-8. — Garat (Dominique-Joseph). Lithog. In-4, par *J. Boilly.* — Gedoyn (Nicolas). In-8. Gal. de Versailles. 3 p. très-belles.

831 **GODEAU** (Antoine), par *J. Lubin.* — D'ap. *Hardisson*, par *Habert.* 2 p. Petit in-fol. Superbes ép., marge.

832 **GOIBEAU** (Philippe). S^r Du Bois. In-8, d'ap. *Varri*, par *Pinssio.* Très-belle ép., marge. — — Gomberville (Marin Le Roy S^r de). In-8., toute marge. 2 p.

833 **GRESSET.** In-12, par *Saint-Aubin*, lettre grise, la tablette blanche. — Le même, la tablette ombrée et une double bordure. — D'ap. *Deveria.* In-8, par *Lefevre.* 3 p. superbes, toute marge.

834 **GROS DE BOZE** (Claude). Manière noire. In-fol., par *Bouys*. — Monté dessous. In-8, d'ap. *Chevalier*, par *Dupuis*, avec l'adresse. 2 p. très-belles.

835 **GUIZOT**. D'ap. *Delaroche*, eau-forte. In-4, par *Hédouin*, avant la lettre sur chine. Superbe.

836 — En pied. In-fol., par *Skelton* et *Hopwood*. Superbe.

837 **HABERT** (H.-L.) de Montmor. In-fol. par *Mellan*. Belle ép., marge.

838 **HABERT** (Jean), de Montmor. Médaillon orné de deux enfants tenant des attributs funèbres. In-fol. par *Mellan*. Très-belle ép.

839 **HARLAY** (François De). Chanvallon. In-fol. par *Lenfant*. — Monté dessous. In-4, par *De Larmessin*. archevêque de Paris. 2 p. très-belles.

840 **HENAULT** (Ch.-J.-Fr.). In-4, par *Littret*. — Monté dessous, profil d'après *Cochin*, par *Gaucher*. 2 p. très-belles.

841 — De profil à gauche, d'après *Cochin*, par *Gaucher*. Superbe ép., marge.

842 — D'ap. *Saint-Aubin*, par *Moitte*. In-fol. — Montées dessous. In-4, par *Voyez*. — D'ap. *Koucarski*, par *Marchand*. 3 p. Superbes ép., marge.

843 **HOUDART** (Antoine) de la Motte. In-4, d'ap. *Ranck*, par *N. Edelinck*. — In-8, par *Dupin*. — D'ap. *Rigaud*, par *Barrois*. 3 p. très-belles.

844 **HUET** (Pierre-Daniel), d'ap. *De Largilliere*, par *G. Edelinck*. In-fol. 1er état (R. D. 224), évêque de Soissons. Superbe ép., marge.

845 — Le même, 2e état avec Abrencensis. Très-belle.

846 — D'ap. Simon *Dequoy*, par *L. Moreau*. In-fol. Très-belle ép.

847 **HUGO** (Victor). Lithog. In-fol., par *Maurin*. — Lithog. In-fol., par *A. Deveria*, 1829, sur chine. — In-8, par *Hopwood*. 3 p. superbes.

848 **JANIN** (Jules). In-4, par *Paul Chenay*, avant et avec la lettre. 2 superbes ép., toute marge.

849 **JAY**. Ovale in-8, par *Tardieu*. — Jouy. Ovale in-8, par *Tardieu*. — Par *Bonvoisin*. — Lithog. In-4, par *J. Boilly*. 4. p. Très-belles ép., toute marge.

850 **LA BRUYÈRE** (Jean de), d'ap. *De Saint-Jean*, par *Cathelin*. Grand in-4. Superbe.

851 — In-8, par *Savart*, 1768. — Par *Marie Lépicié*. — Fac-simile grandeur naturelle du dessin dans la collect. de M. le duc d'Aumale. 3 p.

852 **LA CHAUSSEE** (Pierre-Claude Nivelle de), d'ap. *La Roche*, par *Miger*. Petit in-fol. — In-8, monté dessous. 2 p. très-belles, montées en dessin.

853 **LA CHAPELLE** (Claude-Emmanuel Luillier). Fac-simile du dessin dans la collect. de M. le duc d'Aumale.

854 **LA CONDAMINE** (De). Grand In-8, d'ap. *Cochin*. Superbe ép., marge.

855 **LACORDAIRE** (R. P. F. Dominique). In-fol., d'ap. *Flandrin*, par *Dien*. — Grand in-4, par *Monnin*, d'ap. *Chasseriau*, pour l'artiste avant la lettre. 2 p. très-belles.

856 **LACRETELLE** aîné. Lithog. In-4, par *J. Boilly*. — Montés dessous, par *Tardieu*, à claire-voie et ovale. In-8. 3. p. — LACRETELLE jeune. Lithog. In-4, par *J. Boilly*. En tout 4 p. Très-belles.

857 **LA FONTAINE** (Jean de). Petit in-fol., par *Edelinck*. Montés dessous. In-8, par *Dupin*. — Par *Delvaux*. Rogné à ras et parfaitement remargé. 3 p.

858 **LA HARPE** (J.-F. de), par *Huot*, d'ap. *Pujos*. In-4. — Ovale in-8 sur chine, par *Tardieu*. — Le même, encadrement orné. — Montés dessous, ovale. *Bonneville*. — Par *Barrois*, d'ap. *Boudon*. En tout 5 p. Très-belles.

859 **LAINÉ** (Vicomte). In-8, en bistre, par *Jules Porreau*. Superbe ép., toute marge.

860 **LALLY-TOLLENDAL** (Marquis de). In-fol. par *Anselin*, d'ap. *Verhulot*. — Monté dessous. Lithog. In-4, par *J. Boilly*. 2 p. très-belles.

861 **LAMARTINE** (Al. de). Manière noire. In-fol., par *Girard*, d'ap. *Gerard*. — In-fol., par *Pelée*, sur chine. — Par *Gustave Levy*, d'ap. la sculpture d'*Adam Salomon*. Grand in-4 sur chine. 3 p. superbes et toute marge.

862 **LA MONNOYE** (Bernard de). Gal. de Versailles. — Monté dessous, par *Duhamel*, d'ap. *Devosge*. 2 p. in-8. Très-belles.

863 **LA MOTHE LE VAYER**, par *J. Lubin*. Petit in-fol. — Monté dessous. In-8, par *Fessard*. — In-4, par *Mellan*, double de la Bibliothèque, signé *P. Mariette*, 1669. 3 p.

864 — In-8, par *Ficquet*. Superbe ép. avant les noms d'artistes, marge.

865 **LANGUET** (Joseph), archevêque de Sens. In-fol., par *Gaillard*, d'ap. *Chevalier*. — Monté dessous. In-8, par *Dupuis*. 2 p. très-belles.

866 **LAPLACE**. Lithog. In-fol., par *Belliard*. — Monté dessous, ovale in-8, par *Tardieu*. 2 p.

867 — In-fol., d'ap. *Paulin Guérin*, en grand costume, avant toute lettre, pas entièrement terminé. — Monté dessous. In-4, par *François*, pour la Gal. de Versailles. — Lithog. In-4, par *J. Boilly*. 3 p. Superbes ép., marge.

868 **LAYA** (Jean-Louis). Lithog. In-4, par *J. Boilly*. Superbe.

869 **LEGOUVÉ**, d'ap. *Deveria*, par *Larcher*. In-8. Superbe.

870 **LEMERCIER** (Népomucène-Louis). Lithog. In-4, par *J. Boilly*. — Monté dessous, d'ap. *Deveria*, par *Potrelle*. In-8. 2 p. Superbes ép., marge.

871 **LEMONTEY**. Ovale. In-8, par *Tardieu*, colorié, avant la lettre sur chine. — Lithog. In-4, par *J. Boilly*. 2 p. très-belles.

872 **LERMITE** (Tristan). In-8, chez *Daumont*, toute marge.

873 **LE TELLIER** (Camille) de Louvois. Grand in-fol., par *Roullet*, d'ap. *De Largillière*. Très-belle ép.

874 **LEVIS** (Gaston-Pierre-Marc duc de), né à Paris. Lithog. In-4, par *J.Boilly*. Superbe.

875 **LEVY** (Gaston-Pierre-Marc duc de), né à Paris. In-8. Collect. *Dejabin*, avant et avec le numéro. 2 p.

876 **LOMÉNIE de BRIENNE**, archevêque de Toulouse, ovale. In-4, en couleur, par *Janinet*, d'ap. *Cossard*. Superbe ép., marge vierge.

877 **MAIRAN** (J.-J. Dortous de). par *Ficquet*, in-4, d'ap. *Toquet*. — In-4, par *Ingouf* maj. 2 p. très-belles.

878 **MALESHERBES** (de), par *Hubert*, d'ap. le pastel de *Valade*, avant toute lettre, marge. — Avec la lettre. Superbe. 2 p. In-fol

879 **MALEZIEU** (Nicolas de). In-8. Gal. de Versailles. — Maret, duc de Bassano. In-4, procédé *Collas*, d'ap. la médaille de *David*. 2 p. superbes, toute marge.

880 **MARIVAUX** (P. Carlet de Chamblain de). In-8, par *Ingouf* junior, d'ap. *Pougin de Saint-Aubin*. Superbe ép. montée en dessin.

881 — Par *Chenu*, d'ap. *Garand*. — D'ap. *Mehu*, par *Bertonnier*. — Monté dessous, par *Ingouf*. 3 p. In-8. Superbes ép., toute marge.

882 — Par *Miger*. In-4. Très-belle ép.

883 **MARMONTEL** (J.-F.). Profil à gauche, par *Dupin*, d'ap. *Cochin*. Grand in-8. — Monté dessous, profil à droite, par *Saint-Aubin*. — D'ap. *Mehu*, par *Cazenave*. — Monté dessous, ovale. *Bonneville*. 4 p. In-8. Très-belles.

884 **MASSILLON**. Ovale équarri. Petit in-fol. — Monté dessous. In-12, par *Saint-Aubin*, lettre grise, la tablette blanche. — In-8, par *Lignon*, avant la lettre sur chine. Superbe, toute marge. — Monté dessous, par *Bertonnier*. 4 p.

885 **MAUPERTUIS** (J.-L. Moreau, dc). In-8, chez *Petit*, toute marge.

886 **MAURY** (Jean-Sifrein). A mi-corps. Grand in-fol, par *Godefroy*. — Monté dessous, Cardinal, en couleur par *Verité*. — Ovale, *Bonneville*. — Ovale équarri, *Verité*. — Ovale, par *Mariage*. In-8. En tout 5 p.

887 **MÉRIMÉE** (Prosper), à l'âge de 65 ans. Eau-forte, par *F. Regamey*. — Clara Gazul. — Et la découpure, costume d'homme. 3 p. sur chine non fixé. — La brochure du portrait tour à tour en femme et en homme, tiré à 110 ép.

888 **MERLIN** (Philippe-Antoine). Lithog. In-4, par *J. Boilly*. — Monté dessous, profil à droite, en costume du Directoire. Ovale, *Bonneville*. — Profil à gauche, costume de député, ovale, *Bonneville*. In-8. 3 pièces très-belles, toute marge.

889 **MESMES** (J.-A. de), comte d'Avaux. In-fol., par *Thomassin*, d'ap. *De Troyes*. Superbe ép., marge.

890 **MESMES** (Jean-Jacques de), comte d'Avaux, demi-nature. Grand in-fol., par *N. Poilly*, d'ap. *Mignard*. Très-belle ép.

891 **MICHAUD** (Joseph). Lithog. In-4, par *J. Boilly*.— MOLÉ. Lithog. In-fol., par *Belliard*, d'ap. *Ingres*. 2 p. superbes, toute marge.

892 **MONCRIF** (de). In-4, par *Cathelin*, d'ap. *De la Tour*. — MONGAULT (Nicolas-Hubert). In-8. Gal. de Versailles.— MONTMORENCY (Anne-Charles-François duc de). In-8. Lithog. sur chine. 3 p. très-belles.

893 **MONTESQUIEU** (Charles De Secondat, baron de). Profil à droite, eau-forte. In-4, par *Campion de Tersan*, 1764. Superbe ép., marge rare.

894 — Médaillon entouré de figures allégoriques. In-4, par *Littret*, d'ap. *De Seve*. — Monté dessous, par *Dupuis*, in-8. — In-8, par *Le Mire*. 3 p. montées en dessin.

895 — Par *Grateloup*. In-12. Superbe ép., marge vierge, rare.

896 — Par *Saint-Aubin*. In-8. Lettre grise et avec la lettre. — Montés dessous. In-12. — Très-petit ovale. 4 p. superbes montées en dessin.

897 — Par *P.-Alex. Tardieu*. Très-grand in-8, d'ap. *Chaudet*. Superbe ép., marge. — Monté dessous, avant la lettre, 2 p. montées en dessin.

898 — Petit profil à gauche, rond, dans un entourage orné, carré. In-8. Très-rare. — Profil à droite. In-4. 2 p. par *Campion de Tersan.* Superbes, rares.

899 **MORELLET** (André abbé). Lithog. In-4, par *J. Boilly.* — Monté dessous. In-8, par *Lefèvre,* d'ap. *La Tour,* le fond blanc. — Le même, le fond noir. — Par *Massol.* 4 p. très-belles, toute marge.

900 **MUSSET** (Alfred de), par *Pollet,* d'après *Landelle.* Ovale. Grand in-4, avant la lettre sur chine. — Le même avec la lettre, le filet carré, sur chine. 2 p. superbes, marge. In-fol.

901 **NISARD**. Lithog. In-4, par *M. Alophe,* pour la Gal. de la Presse. Superbe, toute marge.

902 **NIVERNOIS** (L.-J. baron de Mancini duc de). In-8, par *Hubert,* d'ap. *Vigié,* toute marge. — Monté dessous. Très-petit ovale, rare. — Manière noire anglaise. In-fol. avant toute lettre. 3 p. très-belles, montées en dessin.

903 **NODIER** (Charles). Lithog. In-fol., par *Maurin.* — Montés dessous. In-4, par *E. Lassalle,* pour la Gal. de la Presse. — Procédé *Collas,* d'ap. la médaille de *David.* — In-12. Eau-forte pour les Contemporains. 4 p. superbes, toute marge.

904 **OLIVET** (L'abbé D'). In-4, par *Le Vasseur,* d'ap. *Restout.* — Monté dessous. In-8, par *Larcher,* d'ap. *Vanloo.* 2 p. très-belles.

905 **PARNY** (Evariste), dans les nuages. Profil à droite au-dessus d'attributs poétiques sur un rocher. In-8.

906 **PARSEVAL-GRANDMAISON**, né à Paris. Lithog. In-4, par *J. Boilly*.

907 **PASTORET** (Cl.-Emmanuel-J.-P. marquis de). Lithog. In-4, par *J. Boilly*. — Monté dessous, ovale, *Bonneville*. 2 p. superbes.

908 — A mi-corps, par *Henriquel Dupont*, d'ap. *De Laroche*. Superbe ép. avant la lettre sur chine. In-fol., marge.

909 — Le même. In-fol. avec la lettre. — Monté dessous. In-4, procédé *Collas*, d'ap. la médaille de *David*. 2 p. très-belles, toute marge.

910 **PATRU** (Olivier), par *J. Lubin*. Petit in-fol., marge.

911 **PELISSON** (Paul), par *Edelinck*. Petit in-fol. — Monté dessous. In-8, claire-voie, par *Tardieu*. 2 p.

912 **PERRAULT** (Charles), par *Edelinck*, d'ap. *Tortebat*. Petit in-fol. Belle ép., marge.

913 **PEREFIXE** (Hardouin de), archevêque de Paris. In-fol., par *Nanteuil*. Médaillon sur un champ étoilé (R.-D. 213). Superbe ép., petite marge.

914 **PICARD** (Louis-Benoît), né à Paris. Lithog. in-4, par *J. Boilly*. — Monté dessous. In-8, par *Allais*. — Par *Delvaux*, ovale équarri. — A mi-corps, par *Jamont*. 4 p. superbes, avec marge.

915 **POLIGNAC** (Cardinal). Fac-simile du dessin dans la collect. de M. le duc d'Aumale.

916 **PONGERVILLE**. In-8, par *Jules Porreau*, en bistre. Superbe.

917 **PORTAIL** (Antoine). In-fol., par *Drevet*, d'ap. *Tournier*. Très-belle ép.

918 **PORTALIS** (Comte). In-8, de la suite des grands aigles en couleur et en noir.— A claire-voie, par *Amb. Tardieu*. — En pied, en costume de ministre. Gal. de Versailles. 4 p. superbes, toute marge.

919 **POTIER** de Novion. In-fol., par *Nanteuil* (R. D. 207), grande marge. — Monté dessous. In-4, par *De Larmessin*. 2 p.

920 **QUELEN** (De), archevêque de Paris. Lithog. in-fol., par *Belliard*. — Monté dessous. In-8, par *Ballin*. 2 p. très-belles.

921 **QUINAULT** (Philippe), par *Edelinck*. Petit in-fol. — Monté dessous. In-8, par *Sornique*. 2 p. très-belles.

922 **RABUTIN** (Roger de), comte de Bussy, par *Gaillard*, avec l'adresse. — L'adresse effacée. 2 p. In-8. Superbes.

923 — Par *Edelinck*. In-4. Superbe ép., grande marge.

924 **RABUTIN** (Michel-Roger de Bussy), évêque de Luçon. Grand in-fol., par *Cars*. Très-belle ép.

925 **RACAN** (Honorat de Beuil, marquis de), poëte. In-8, toute marge.

926 **RACINE** (Jean). Petit in-fol. chez *Gautrot*. Très-belle ép., marge.

927 — Par *Edelinck*. Petit in-fol. pour les Grands Hommes de Perrault. Très-belle ép.

928 — Par *Vertue*. In-4. — Grandeur naturelle, fac-simile du dessin dans la collect. de M. le duc d'Aumale. 2 p.

929 — Par *Bertonnier*. — Par *Pannier*, sur chine. — Par *Dupin*. 3 p. In-8. Très-belles ép., marge.

930 **RAYNOUARD** (F.-J.-M.). Lithog. in-4, par *J. Boilly*. — Monté dessous. In-8, par *Bonvoisin*. 2 p. superbes, toute marge.

931 **REGNAUD** de Saint-Jean d'Angely, in-8, par *Forget*, toute marge rare. Collection des Grands Aigles.

932 **RENAUDOT** (Eusèbe), grand in-fol., par *F. Chereau*, d'ap. *Ranc*. Superbe ép., grande marge.

933 **RICHELIEU** (Maréchal de) en pied, grand in-fol, par *Wangelisti*; d'ap. *Gault de Saint-Germain*. Très-belle ép., grande marge.— Monté dessous in-8, par *Mariage*, d'après *Vanloo*, dirigé à gauche. — Le même, contre-partie. 3 p.

934 **RICHELIEU** (Duc de), in-fol., par *Lignon*, d'ap. *Lawrence*. Superbe ép., avant la lettre sur Chine, toute marge.

935 **ROEDERER** (P.-L.). Médaille procédé *Collas*, d'ap. *David*. — Monté dessous, par *Courbe*, collect. Dejabin. — Ovale *Bonneville*. — Ovale *Fiesinger* in-8. 4 p. Superbes.

936 — In-8, par *Mauperin*, collect. des Grands Aigles, 2 ép. dont une imp. en couleur. Superbes ép., marge.

937 **ROGER** (François). Lithog. in-4, par *J. Boilly*. — Monté dessous in-8, par *Adam*, d'ap. *Deveria*. 2 p. Superbes, toute marge.

938 **ROHAN** (Armand-Gaston de) Soubise, cardinal, in-fol., d'ap. *Rigaud*, par *Maria Horthemels*. — Montés dessous in-8, par *Dupin*. 2 ép. dont une avec l'adrese. 3 p. Très-belles.

939 **ROHAN** (Armand-Jules de), archevêque de Reims, grand in-fol., d'ap. *Rigaud*, par *Petit*. Très-belle ép.

940 **ROHAN** (Louis-René-Edouard de) Guemené, cardinal évêque de Strasbourg, par *Voyez* in-4. — Monté dessous. Profil à gauche, par *Campion de Tersan*, d'ap. *Cochin*, in-4. 2 p. Très-belles.

941 **ROTHELIN** (Charles-d'*Orléans* abbé de), in-8, par *Tardieu*, d'ap. *Coypel*, Très-belle ép., petite marge.

942 **ROYER-COLLARD**. Lithog. in-fol., par *Maurin*. — Monté dessous in-12, eau-forte, par *Torlet*. 2 p. Très-belles.

943 **SACY** (Louis de), in-8, chez *Daumont*, toute marge.

944 **SACY** (S. de), in-4, par *Flameng*, avant toute lettre. — Le même, avec la lettre. 2 p. Superbes ép. sur Chine, toute marge.

945 **SAINTE-BEUVE.** Médaille procédé *Collas*, d'ap. *David*. — Eau-forte in-12 Galerie des contemporains. — De face âgé, eau-forte in-12, par *Martinez*, sur Chine, non fixé. 3 p. Superbes, toute marge.

946 **SAINT-LAMBERT**, auteur du poème des Saisons in-8, par *Adam*. — ***Saint-Marc Girardin***, lithog. in-4, pour la gal. de la Presse. — L'Abbé de ***Saint-Pierre*** in-8, par *Massard*, d'ap. *de La Tour*. 3 p. toute marge.

947 **SAINT-PIERRE** (***Bernardin*** de), par *Ribault*, d'ap. *Laffitte*, petit in-fol. avant toute lettre. Superbe ep., marge.

948 — Le même, avec le globe terrestre et les noms d'artiste, avant la lettre. Superbe ép., marge.

949 — Le même, avec le nom lettre grise. Superbe ép.. marge. — Monté dessous in-8, par *Cazenave*. 2 p.

950 **SALVANDY.** Lithog. in-fol., par *Maurin*. — Monté dessous in-12, eau-forte, par *Deymarie*. 2 p. Superbes, toute marge.

951 **SANDEAU** (Jules), par *Metzmacher*, d'ap. *Lehmann*, in-4, sur Chine. Superbe, toute marge.

952 **SARDOU** (Victorien). Photographie in-4.

953 **SCRIBE.** Lithog. in-fol., par *Belliard*. — Monté dessous in-12, eau-forte. — In-8. Eugène Scribe. 3 p.

954 **SCUDERY** (Georges de), par *Nanteuil*, in-fol., 1er état avant la planche coupée, Très-belle ép.

955 **SÉDAINE** (M.-J.), né à Paris, in-4, par *Levesque*, d'ap. *David*. Très-belle ép., marge.

956 — Par *Villerey*, d'ap. *Mehu* in-8. Superbe, toute marge. — Monté dessous, par *Villerey*, d'ap. *David*. Très-belle ép. 2 p.

957 **SEGRAIS** (J. Regnault de), par *Mathey* in-8, d'ap. *Flamen*. Très-belle ép., marge.

958 **SEGUIER** (L.), in-4, profil à droite, par *Cochin*. — In-8. Ambroise *Tardieu* direxit. 2 p. Superbes.

959 **SÉGUR** (Louis-Philippe comte de), né à Paris, lithog. in-4, par *J. Boilly*. — Monté dessous, ovale in-8. *Tardieu*. — In-4 en couleur, par *Velyn*, d'ap. Mme *Mayer*. — In-8, par *Velyn*, d'ap. Mme *Harriet*, avant la lettre. — Le même, avec la lettre, en couleur. 6 p. Superbes ép., marge.

960 **SERVIEN** (Abel), par *Mellan*. — Monté dessous, collect. *Daret*. 2 p. in-4. Très-belles.

961 **SÈZE** (Raymond de), lithog. grand in-fol., par *Aubry-Lecomte*, d'ap. *Girodet*. Superbe ép. sur Chine. — Lithog. in-4, par *J. Boilly*. Toute marge. 2 p.

962 **SICARD** (Roch-Ambroise abbé), in-4, par *Massard* père, d'ap. *Le Cerf*. — Lithog. in-4, par *J. Boilly*. — Monté dessous, ovale in-8, *Bonneville*. 3 p. Superbes.

963 **SIEYES**, par *Levachez* avec scène historique, par *Duplessi-Bertaux* et texte, in-fol. — Montés dessous in-8, ovale, *Bonneville* en député. — En costume du Directoire, — par *Vérité*. 4 p. Très-belles.

964 — Par *Claessens* in-8, avant et avec la lettre. — Satire contre lui. *Ne me trahis pas ou je ?* paroles qu'il adresse à la Vérité assise sur ses genoux, grand in-8. Très-rare. 3 p. Superbes.

965 **SILLERY** (Fabio-Brulart de), évêque de Soissons, grand in-fol., par *Edelinck*, d'après *Rigaud*. Superbe.

966 **SOUMET** (Alexandre-L.-Ant.), lithog. in-4, par *J. Boilly*. — Monté dessous in-8, par *Frilley*. 2 p. Superbes, toute marge.

967 **SUARD** (J.-B.-Ant.), lithog. in-4, par *J. Boilly*. — Monté dessous in-8, par *Cazenave*, — par *Carey*, d'ap. *Gérard*. 3 p. Très-belles.

968 **TALLEMANT** (François), abbé de Valchretien. In fol., par *Steph.-Picart*, d'ap. *Nanteuil*. Superbe.

969 **TARGET** (J.-B.), in-fol., par *Henriquez*, avant toute lettre. — Montés dessous in-8, par *Claessens*, avant toute lettre et avec la lettre, 3 p. Très-belles.

970 — Par *Henriquez* in-fol., avec la lettre. — Montés dessous in-8 ovale, *Bonneville*. — *Vérité*. 3 p. Très-belle.

971 **THIERS**, à mi-corps dans son cabinet, grand in-fol. — Montés dessous in-8, par *Hopwood*; — par *Goutière*, d'ap. *Robertson*. 3 p. Superbes, montées en dessin.

972 — Ovale in-8 par *Pannier*, d'ap. Mme *de Mirbel*. Superbe ép., avant la lettre sur Chine, toute marge. — Montés dessous, le même, avec la lettre. — In-8 carré. 3 p.

973 — En pied, assis dans son cabinet, d'après *Sandoz*, petit in-4, avant la lettre, toute marge.

974 — A mi-corps, d'ap. *Bonnat*, petit in-fol., par *L Massard*. Superbe ép. sur Chine, non fixé.

975 **THOMAS**, d'ap. *Carmontelle*, par *Adam* in-8, toute marge. — **Tocqueville** (Alexis de), in-8, par *Adolphe Varin*, d'ap. *Chasseriau*. Superbe, toute marge. 2 p.

976 **TRESSAN** (Comte), in-8, par *De Launay*, — de la collect. Menard et Desenne. 2 p.

977 **TOURREIL** (Jacques de), par *N. Edelinck*, d'ap. *Benois*. In-4. Superbe ép., marge.

978 **VALINCOURT** (de), in-8, gal. de Versailles, toute marge.

VATOUT (J.), in-8, par *Adolphe Varin*, marge.

VAUGELAS (Cl. Favre de), in-8, d'après *Champagne*.

VIENNET. Lithog. in-4 sur Chine, galerie de la Presse.

VIGNY (Alfred de), lithog. in-4, par *Emile Lassalle*, sur Chine, gal. de la Presse. — in-12, eau-forte pour les Contemporains illustrés. 2 p. Très-belles, toute marge. En tout, 6 p. (Pourra être divisé).

979 **VILLARS** (Louis-Hector, duc de), in-8, par *Schmidt*, d'ap. *Rigaud*. 2 ép., dont une avec l'adresse.

980 **VILLEMAIN** (A.-F.), in-fol., manière noire, par *Girard*, d'ap. *Scheffer*. Superbe.

981 — Lithog. in-4, par *J. Boilly*. — Monté dessous in-12, eau-forte. Galer. des contemporains. — Ovale in-8. **Tardieu**, sur Chine, — et M. Villemain, député du Morbihan. 4 p.

982 **VOISENON**, par *Dupin*, in-8, d'ap. *Desrais*. Très-belle ép., marge.

983 **VOITURE** (Vincent), petit in-fol., par *J. Lubin*. — Montés dessous in-8, par *Desrochers*. — par *Boutrois*, d'ap. *Champagne*. 3 p. Très-belles.

984 **VOLNEY** (Comte de), lithog. in-4, par *J. Boilly*. — Monté dessous ovale, *Tardieu* in-8. — Statue buste, par *Alex. Tardieu*, d'ap. *David*, et autre. 4 p. toute marge.

985 **VOLTAIRE**. Frontispice de la Henriade, d'ap. *Moreau*, par *Croutelle*, in-8. Superbe Très-grande marge.

986 — Par *Henriquez* in-fol., d'ap. *Barat*. — Montés dessous l'homme unique à tout âge, en pied, par *Vachez*. — In-4, par *Cathelin*, d'après *La Tour*. 3 p. montées en dessin.

987 — Par *Michel* in-4, d'ap. *Danzel*. — In-8, par *Saint-Aubin*. Superbe ép., lettre grise. 2 p. montées en dessin.

988 — Par *Bertony*, d'ap. *Pujos*. — Collect. d'Odieuvre. 2 p. in-8.

989 — Par *Alix*, petit in-fol., d'ap. *Garneray* en couleur. Très-belle ép., marge.—Monté dessous ovale in-8 en couleur. 2 p. montées en dessin.

990 — Par *Melini*, d'ap. *de La Tour*, in-8. — Son tombeau, eau-forte pure, petit in-fol., par *Le Bas*. — Le même, avec la lettre. — Eglise de Ferney, avant et avec la lettre. — Château de Ferney, côté de la cour et côté du jardin. — Retour des cendres de Voltaire in-8. En tout 7 p.

991 — Son masque, grandeur naturelle, eau-forte, par *Jules de Goncourt*. Superbe.

992 — Jeune et Vieux, deux médaillons superposés, grand in-8. — In-12, par *Saint-Aubin*. — Titre du commentaire sur la Henriade avec les portraits de Labeaumelle et Fréron in-8, par *Saint-Aubin*. 3 p.

993 — Discutant avec le père André, in-fol., par *Lanté*. Superbe ép., grande marge. — Monté dessous, le lever du philosophe de Ferney, ovale équarri in-4, en travers. — Le Lever in-8. — Le Tombeau chez *Bonneville*. — Les quatre âges de Voltaire, par *Barrois*. — A 24 ans, par *Boutrois*. — Petit ovale *Bonneville*, — *Cazenave*. 8 p.

994 — Credo de Voltaire, petit in-fol. — Monté dessous, par *Miger*, d'ap. *Boudon*, in-4. 2 p.

995 — Le père Adam. — L'abbé Mauri. — d'Alembert. — Condorcet. — Diderot. — La Harpe au repas, eau-forte in-fol. Très-rare.

996 — Couronnement sur le Théâtre-Français, par *Gaucher*, d'ap. *Moreau*, avec les Armes de belle et bonne, in-fol.

997 — Le même. Hommage rendu à Voltaire, le titre changé, adresse chez Naudet.

998 — Couronné par Clairon, par *Dupin*, grand in-4, d'apr. *Desrais*. Très-belle ép. — Monté dessous in-8, par *Bonvoisin*, d'ap. *Mehu*. 2 p. montées en dessin.

999 — Couronné par la France, au fond la vue du Pont-Neuf, in-4, chez Alibert. Superbe ép. — Monté dessous in-8, par *Potrelle*, d'après *Deveria*. 2 p.

1000 — Triomphe de Voltaire, 1791, par *Berthault*, d'ap. *Prieur*, in-fol., avant et avec la lettre. 2 p. Superbes, avec marge.

1001 — Réception de Voltaire aux champs Elysées, par Henri IV, in-fol., par *Macret*, d'ap. *Fauvel*, Très-belle.

1002 Première séance de l'Institut national, le 15 germinal, an 4ᵉ de la République, in-fol., par *Berthault*, d'ap. *Girardet*, avant et avec la lettre. 2 p., superbes, avec marge.

1003 — Catalogue des membres de l'Académie, manuscrit avec les portraits photographiés, par Truchelut et autres, de Monseig. le duc d'Aumale. — MM. le duc de Broglie. — Doucet. — Dupanloup. — Jules Favre. — Legouvé. Littré. — Mezières. — Olivier. — Patin. — Renan. — Saint-René Taillandier. — Jules Simon. — Viel-Castel. — 14 p.

LITTÉRATEURS

1004 **ABEL-REMUSAT** (Jean-Pierre), né à Paris, lithog. in-4, par *J. Boilly*. Superbe, toute marge.

1005 **ADAM BILLAUT**, dit Maître Adam, poëte, menuisier de Nevers. Grand in-8, par *Fontaine*, avant et avec la lettre. 2 p. Superbes ép., marge.

1006 **ALFIERI**, in-fol., par *Toschi*, d'ap. *Fabre*. Superbe ép., avant la lettre, sur Chine, marge.

1007 **AMAURY DUVAL** (Charles-Alex.). Lithog. in-4, par *J. Boilly*. Superbe, toute marge. — **Anquetil**, in-8, par *Frilley*. Superbe ép., marge. 2 p.

1008 **ARETIN**, par *Van Dalen*, d'ap. *Titien*. Superbe ép., avant toute lettre, in-fol., marge.

1009 **ARGENVILLE** (A.-J. Desallier d'). D'ap. *Rigaud*, in-4, par *Vangelisty*. Superbe ép., marge.

1010 **ARIOSTE**, d'ap. *Titien*, par *Persinius*. In-4. Très-belle ép.

1011 **ARLINCOURT** (vicomte d'). D'ap. *Isabey*, par *Mécou*. In-8. Superbe ép., sur Chine, marge. — **Azaïs**. In-4, procédé Collas, d'ap. la médaille de *David*. Superbe. 2 p.

1012 **BAILLET** (Adrien). In-4, par *N. Edelinck*. Superbe ép., marge.

1013 **BALZAC**, dirigé à droite, in-4, par Paul *Chenay*, d'ap. *L. Boulanger*. Superbe ép., sur Chine, avant la lettre, toute marge.

1014 — Dirigé à gauche, très-grand in-8, par *Lemoine*, d'ap. *Bertall*. Superbe ép., marge. Petit in-fol.

1015 — Profil à droite, mine de plomb relevée de crayons de couleur, signé *Ary Scheffer*. In-4.

1016 **BANVILLE** (Théodore de). In-4. Lithog., par *Gavarni*. Superbe, toute marge.

1017 **BARBIÉ DU BOCAGE** (Jean-Denis), né à Paris, lithog. in-4, par *J. Boilly*. Superbe, toute marge.

1018 **BEAUDELAIRE** (Ch.), eau-forte, par *Bracquemond*. Grand in-8, sur Chine, pour l'Artiste, toute marge.

1019 **BAYLE**, dirigé à gauche, in-fol., par *Chereau*. — Dirigé à droite, in-fol., par *Petit*. Superbe. — Dirigé à droite, ovale équarri, in-fol., sans nom d'artiste. Superbe.

1020 **BEAUMARCHAIS**. In-8, avant toute lettre, probablement par St-Aubin. Superbe portrait. Magnifique ép., toute marge.

1021 — In-8, par *Ambroise Tardieu*. — Par *Guyard*, d'ap. *Deveria*. 2 p. Superbes, toute marge.

1022 — In-8, par *Roy*, et les 5 Vignettes pour le Mariage de Figaro par *Malapeau*. 6 p. montées en dessins. — Tuez le donc ce méchant Page ! avant la lettre. Superbe, grande marge, en tout, 6 p.

1023 **BERANGER**, par *Reynolds*, d'ap. *Scheffer*. Superbe ép., in-4, avant la lettre, sur Chine, marge.

1024 — Par *Masson*. In-4. Superbe ép., avant la lettre, toute marge.

1025 **BERNARDI** (J.-E.-Dom.). Lithog. in-4, par *J. Boilly*.

1026 **BLANC** (Louis), à mi-corps, lithog., par *M. Alophe*. Superbe ép., sur Chine.

1027 **BOISSY D'ANGLAS** (Fr.-Ant. comte). Lithog. in-4, par *J. Boilly*. — Monté dessous, in-8 ovale, par *Amb. Tardieu*. 2 p. Superbes ép., marge.

1028 **BORBONIUS** (Nicolas). In-4, fac-simile, d'ap. *Holbein*, par *Cheesman*, en couleur. Superbe, toute marge. — Monté dessous, texte anglais.

1029 **BOYER** (Abel). In-fol., par *Chereau*. Très-belle ép.

1030 **BRANTOME** (P. de Bourdeilles seig. de). Demi nature, fac-simile du dessin qui est dans la collect. de M. le duc d'Aumale. — In-8, par *Pinssio*. Superbe ép., marge. 2 p.

1031 **BRIFFAUT** (Eug.). Lithog. in-4, par *M. Alophe*, pour la gal. de la Presse. Superbe.

1032 **BROSSES** (Ch. de), comte de Tournai et de Montfalcon, prem. présid. du Parlement de Dijon. In-4, par *St-Aubin*, d'après *Cochin*. Remargé. Rare.

1033 **BURGER** (G.-A.). In-4, par *Gottschick*. Très-belle ép.

1034 **CARREL** (Armand). Procédé Collas. In-4, d'ap. la médaille de *David*. Superbe.

1035 **CASTI** (J.-B.). In-4, par *Bartolozzi*, d'ap. *Pellegrini*. Superbe ép., sur Chine.

1036 **CAUSSIN DE PERCEVAL** (J.-J.-Ant.). Lithog. in-4, par *J. Boilly*. Superbe.

1037 **CERVANTES** (Michel). In-fol. par *Leisnier*, d'ap. *Velasquez*. Superbe ép. sur Chine, marge.

1038 **CHASLES** (Philarète). Lithog. in-4, par *G. Staal*, pour l'Artiste. Superbe.

1039 **CHAULIEU** (Guillaume-Amfrie de). In-8, par *Ficquet*, d'ap. *De Troy*. — Monté dessous, in-12, par *St-Aubin*. 2 p. Superbes ép., marge.

1040 **CHEZY** (Antoine-Léonard de). Lithog. in-4, par *J. Boilly*. Superbe.

1041 **CLAVIER** (Etienne). Lithog. in-4, par *J. Boilly*.

1042 **COPPÉE** (François). Eau-forte. In-12, par *Rajon*, sur Chine, non fixée. Grand in-8. Superbe.

1043 **COURRIER** (Paul-Louis), dirigé à gauche. — Dirigé à droite, par *Cazenave*. 2 p. in-8.

1044 **CRETET** (Eugène). In-4, par *Gavarni*. Superbe.

1045 **DAUNOU** (L.-P.-Fr.). Lithog. in-4, par *J. Boilly*. — Monté dessous. In-8 ovale, *Tardieu*, député. — Le même historien et publiciste. 3 p. Superbes, toute marge.

1046 **DESAUGIERS.** Lithog. par *Belliard*, in-fol., Superbe, toute marge.

1047 **DESFORGES.** In-8, par *Lejeune*, d'ap. *Mehu.*

1048 **DESMONCEAUX** (l'abbé). Très-grand in-8, par *Nicollet*, d'ap. *Le Sueur.* Très-belle ép., marge.

1049 **DESPORTES** (Philippe). Fac-simile du dessin dans la collect. de M. le duc d'Aumale.

1050 **DIDEROT.** Ovale en couleur petit in-fol., par *Alix*, d'ap. *Vanloo.* Superbe ép., montée en dessin.

1051 — Profil à droite, in-8, par *Gaucher*, avant la lettre. — In-4 par *St-Aubin*, 2 p., d'ap. *Greuze.* Superbes.

1052 — De face, grand in-4, par *David*, d'ap. *Vanloo* (il tient une plume). Superbe ép., marge

1053 — Par *Henriquez*, d'après *Vanloo.* In-fol. Superbe ép., marge.

1054 **DORAT.** La Muse appuyée sur son médaillon, à son tombeau, charmante composition très-grand in-8, par *Fessard*, d'ap. *Hoin.* Superbe ép., marge montée en dessin. — In-8, par *Ethiou*, d'ap. *Deveria*, toute marge. 2 p.

1055 **DUFRESNY**, in-8, par *J. Adam*, d'ap. *Mehu.* — Fac-simile du dessin dans la collect. de M. le duc d'Aumale. 2 p.

1056 — In-4, par *Joullain*, d'ap. *Ch. Coypel*, 1724. — In-8, avant et avec la lettre par les mêmes artistes. 3 p, Superbes.

1057 **DULAURE** (J.-A.). par *Dequevauviller*, in-8, avant la lettre sur Chine. — In-8 en pied, avant toute lettre, colorié, 2 p. Superbes.

1058 **DUMAS** (Alexandre). Lithog. in-4, Gal. de la Presse, sur Chine. Superbe. — Eau-forte in-8, par *Rajon*. Superbe ép., Chine, non fixé, toute marge. 2 p.

1059 **DU PUIS** (Pierre). Petit in-fol., par *J. Lubin*. Très-belle ép., marge.

1060 **DUREAU DE LA MALLE** (A.-J.-C.-A.), né à Paris. — **Emeric David** (T.-B.). 2 lithog. in-4, par *J. Boilly*. Superbes, toute marge.

1061 **ENAULT** (Louis). Lithog. in-4, par *Gavarni*. Superbe, toute marge.

1062 **ERASME**. In-fol., par *Koning*. Superbe ép. — Monté dessous, coupé en ovale et intercalé dans un entourage. Petit in-fol. — Fac-simile du dessin dans la collect. de M. le duc d'Aumale. — Monté dessous. In-8, par *Hondius*. 4 p.

1063 **FENOUILLOT** de Falbaire de Quingey. In-8, par *St-Aubin*, d'ap. *Cochin*. Superbe.

1064 **FIEUX**. Petit rond in-8, par *Miger*, d'ap. *Cochin*. Superbe ép., marge.

1065 **FRERON** (E.-C.). In-8, par *Dupin*, d'ap. *Cochin*. Superbe.

1066 **GAIL** (Jean-Baptiste), né à Paris. Lithog. in-4, par *J. Boilly*. Superbe.

1067 **GATAYES** (Léon). In-4. Lithog., par *Gavarni*. Superbe.

1068 **GAUTIER** (Théophile). In-4, par *Bracquemond*, d'ap. *Nadar*. — Monté dessous. In-8, d'ap. lui-même, par *Valentin*. Eau-forte, en tenue des représentations de Hernani. Colorié. 2 p.

1069 **GERANDO** (J.-M. baron de). Lithog. in-4, par *J. Boilly*.

1070 **GILBERT**, in-8, par *Leroux*. Superbe ép., avant la lettre, sur Chine, toute marge.

1071 **GINGUENÉ** (Pierre-Louis). Lithog. in-4, par *J. Boilly*.

1072 **GIRARDIN** (Emile de), par *Masson*. Superbe ép., avant la lettre, in-4, toute marge.

1073 **GOLDONI** (C.). Grandeur naturelle, par *Pitteri*, d'ap. *Piazzetta*. — Monté dessous in-8 ovale, par Morghen. 2 p. Très-belles.

1074 **GONCOURT** (Edmond et Jules de). Lithog. in-4, par *Gavarni*. Superbe.

1075 **GOSSELIN** (P.-F.-J.). Lithog. in-4, par *J. Boilly*.

1076 **GOUDARD**, auteur du Spectateur Français, in-8, par *Beljambe*, d'après *Monnet*. Superbe ép., marge. Rare.

1077 **GOZZI** (Gaspard). Ovale, grand in-8, par *Bartolozzi*, belle ép., marge.

1078 **GRECOURT**, in-8, par *Gailland*, d'après *De Lobelle*. Superbe ép., marge.

1079 **GUICCIARDINI** (Fr.). In-fol., par *J.-M. Liotard*. — Monté dessous in-8, par *Raffaelle Morghen*. 2 p. Superbes ép., marge.

1080 **HOUSSAYE** (Arsène). In-4, par *Riffaut*, d'ap. *Widal*. Superbe ép., sur Chine, toute marge.

1081 **IRAY** (vicomte Le Prevost). Lithog. in-4, par *J. Boilly*. — **Jomard** (Edme-François). Lithog. in-4, par *J. Boilly*. 2 p.

1082 **KARR** (Alphonse). Lithog., par *Gavarni* in-4.

1083 **KOCK** (Ch.-Paul de). Lithog. in-fol., par *Fuhn*. Superbe ép., sur Chine. Très-rare.

1084 **LA BORDE** (comte de), né à Paris. Lithog. in-4, par *J. Boilly*. Superbe.

1085 **LA FOND** (de), gazettier d'Amsterdam. In-fol., par *Lombart*, d'ap. *Gascard*. Superbe.

1086 **LAMENNAIS**, par *Narcisse Lecomte*, d'ap. *Ary Scheffer*. Petit in-fol. Superbe ép., toute marge.

1087 — In-fol., par *Calamatta*. Superbe ép., d'artiste, avant le fond.

1088 **LANGLÈS** (L.-M.). — **LANJUINAIS** (comte Jean-Denis). 2 lithog. in-4, par *J. Boilly*.

1089 **LANNEAU** (P.-A.-V. de). Manière noire. In-4, par *Sixdeniers*. Superbe.

1090 **LA NOUE** (J.-B. Sauvé de), par *Littret*, in-8, d'ap. *Monnet*. Superbe ép., marge. Monté en dessin.

1091 **LA ROCHEFOUCAULD** (François VI duc de). In-8, par *Choffard*, d'ap. *Petitot*. — Monté dessous, par *Petit*, d'ap. *Ferdinand*. 2 p. Superbes.

1092 — Par *Ceroni*, petit ovale, d'après *Petitot*. Superbe ép., avant toute lettre, sur Chine, toute marge.

1093 **LA ROQUE** (Antoine de), dans un jardin. Grand in-fol., d'ap. *Watteau*, par *Lépicié*. Superbe ép., grande marge.

1094 **LE BŒUF**, chanoine honoraire d'Auxerre. In-8.

1095 **LEFRANC DE POMPIGNAN**, par *Levasseur*, d'ap. *Deveria*. — Par *Butavant*, d'ap. *Aved*. 2 p. Superbes.

1096 **LENORMAND** (Ch.). Procédé Collas. In-4, d'ap. la médaille de *David*.

1097 **LE SAGE** (Alain-Réné). In-8, par *Guelard*. Superbe ép., marge.

1098 **LETRONNE** (Antoine-Jean). Lithog. in-4, p. *J. Boilly*.

1099 **LEVACHER** de Charnois. In-8 en couleur, par *Alix*, d'ap. *Violet*. Très-belle ép., marge. Très-rare.

1100 **MABLY**, ovale en couleur, in-fol., par *Alix*. — Monté dessous. In-4, par *Vinsac*, d'ap. *Pujos*. — In-8. Bonneville. 3 p. superbes montées en dessin.

1101 **MALHERBE**. Fac-simile du dessin dans la collect. de M. le duc d'Aumale.

1102 — Par *J. Lubin*. Petit in-fol. — Monté dessous. Grand in-8, d'ap. *Dumoutier*. 2 p. Superbes ép., marge.

1103 — Par *Briot*. In-8. Très-belle ép.

1104 **MAROT** (Clément). In-8, par *Sornique,* d'ap. *Holbein.* Très-belle ép., marge.

1105 **MÉNAGE.** Fac-simile du dessin dans la collect. de M. le duc d'Aumale.

1106 **MERY.** Lithog. in-fol., par *M. Alophe,* sur Chine.

1107 **MOLLEVAUT** (Charles-Louis). Lithog. in-4, par *J. Boilly.*

1108 **MOLIERE.** Fac-simile du dessin dans la collect. du duc d'Aumale.

1109 — Petit in-fol., par *Nolin,* la planche réduite pour les Grands Hommes de Perrault. — Montés dessous. In-8, par *Roy.* — Par *Cathelin.* 3 p. Très-belles ép., marge.

1110 **MURGER** (Henry). Lithog., par *Gavarni,* in-4.

1111 **NAUDET** (Joseph), né à Paris. Lithog. in-4, par *J. Boilly.*

1112 **PALLIOT** (Pierre), parisien, petit in-fol., par *Drevet,* d'ap. *Revel.* Superbe.

1113 **PALISSOT,** in-8, par *Choffard.* — Par *Choffard,* tenant une plume. Médaillon entouré de lierre, d'ap. *Monnet.* — Par *Poletnich,* d'ap. *De Saint-Aubin.* — Par *Derly,* d'après *Deveria.* 4 p. Très-belles.

1114 — Vignettes : les Méprises, le Cercle, l'Homme dangereux, les Courtisanes, les Philosophes, Dîner et Repas des Philosophes. 7 p. in-8. Très-belles.

1115 **PANNARD,** in-4, par *Miger,* d'ap. *Du Roncerai.*

1116 **PIGAULT-LEBRUN**, in-8, par *Gouault*, d'ap. *Deveria*.

1117 **PIIS** (A.-P.-A. de). In-12, par *Gaucher*, d'ap. *François*. — In-8, par *Ruotte*, d'ap. *Lagrenée*. 2 p. Très-belles ép.

1118 **PLUCHE** (l'abbé). In-4, par *Cathelin*, d'ap. *Blakey*.

1119 **PIRON** (Alexis). Très-petit ovale, fac-simile du dessin dans la collect. de M. le duc d'Aumale.

1120 **POUGENS** (M.-Ch.-J. chevalier de). Lithog. in-4, par *J. Boilly*.

1121 **PRÉVOT** (l'abbé). In-4, par *Therese De Vaux*, d'ap. *Schmidt*. Monté en dessin.

1122 **PROUDHON** (P.-J.). Lithog. in-fol., par *Collette*, sur Chine. Superbe.

1123 **QUATREMERE** (Etienne-Marc), né à Paris. Lithog. in-4, par *J. Boilly*.

1124 **RABELAIS** (François). In-8, par *M. Lasne*. Très-belle ép., très-grande marge. Rare.

1125 — Petit in-fol., par *Habert*. — Monté dessous la planche coupée en ovale et intercalée dans un entourage. In-4. 2 p.

1126 — Fac-simile du dessin dans la collect. de M. le duc d'Aumale.

1127 **RACINE** (Louis). In-4, par *Miger*, d'ap. *Aved*. — Monté dessous, in-8, par *Gaillard*. Superbe ép., marge, montés en dessin.

1128 **RAPIN** de Thoyras (P.). In-fol., par *Vertue*. — Monté dessous, in-4, par *Houbraken*. 2 p. Très-belles.

1129 **RAYNAL** (Guil.-Thomas). In-fol. Ovale en couleur, par *Alix*, d'ap. *Garneray*. — Monté dessous. In-8, par *Le Beau*. — *Huot*, d'ap. *Bonneville*. 3 p. Superbes, montée en dessin.

1130 — Profil, par *St-Aubin*. — Par *De la Rue*, dessous celui de *Le Beau*. — Par *Delaunay*, d'ap. *Cochin*. 4 p. Très-belles.

1131 **RIVAROL** (De). In-8, par *Jouannin*, d'ap. *Ducreux*.

1132 **ROLLIN** (Ch.). In-8, par *Cathelin*, d'ap. *Coypel*. Très-belle ép., avant la lettre.

1133 — Ovale in-8, par *Amb. Tardieu*, sur Chine. — Monté dessous, par *Dupuis*, d'ap. *Fontaine*. 2 p. Superbes, marge.

1134 **ROMIEU** (A.). In-4, par *Masson*, sur Chine. Très-belle ép.

1135 **RONSARD**, en haut du titre de ses œuvres, petit in-fol., par *L. Gaultier*. Très-belle ép.

1136 **ROQUEPLAN** (Camille). In-fol. Lithog., par *A. Deveria*, 1829. Toute marge.

1137 **ROUSSEAU** (J.-B.). In-8, par *Schmidt*. Superbe. — Monté dessous. In-12, par *Dequevauviller*. 2 p.

1138 **ROUSSEAU** (J.-J.). Son masque, eau-forte, presque grandeur naturelle, par *J. de Goncourt*.

1139 — Ovale in-fol. en couleur, par *Alix*, d'ap. *Garneray*. Très-belle ép., montée en dessin.

1140 — In-8, par *Ficquet*. Superbe et très-rare ép., avant toute lettre, marge.

1141 — In-4, par *A. de St-Aubin*, d'ap. *De la Tour*. — In-8, profil à gauche. — In-12, profil à droite, lettre grise. 3 p., par *St-Aubin*. Superbes ép., marge.

1142 — In-4. Profil à gauche, par *Michel*. Superbe.

1143 — In-fol., par *Nachez*, d'ap. *Ramsay*. Superbe ép., grande marge.

1144 — Les dernières Paroles de J.-J. Rousseau. In-fol., par *Guttemberg*, d'ap. *Moreau*. — Montés dessous, in-8, par *Le Cerf*, avant et avec le filet. 3 p. montées en dessin.

1145 — Tombeau de J.-J. Rousseau. In-fol., par *Moreau*. Très-belle ép., marge. — Monté dessous, Tombeau, in-8, par *Ponce*, d'après *Monsiau*. — Profil à gauche en Arménien, en bas le tombeau, Paris, chez Isabey. — Planche différente, sans lettres. 4 p. montées en dessin.

1146 — Monument projeté à la gloire de J.-J. Rousseau, eau-forte pure. — Avant la lettre, avec le petit buste au milieu du bas. — Avec la lettre, gravé par *Née*, d'ap. *Le Barbier*. 3 p. in-fol. Superbes.

1147 — Aux Manes de J.-J. Rousseau. In-fol., par *Maleuvre*, d'ap. *Paul*. Très-belle.

1148 — Monument élevé à Genève. Grand in-fol., par *Guttemberg*, d'ap. *Barbier*. — Vue de Genève, par *Née*, d'ap. *Perignon*. In-fol. 2 p.

1149 — Apothéose, sa translation au Panthéon, eau-forte pure, dessous l'ép., avant toute lettre. — Avec la lettre par *Berthault*, d'ap. *Girardet*. 3 p. in-fol. Superbes.

1150 — Aux manes de J.-J. Rousseau: Il la releva, la consola et la secourut. In-4 en couleur.

1151 — Arrivée de J.-J. Rousseau aux Champs-Elysées. In-fol., par *Macret*, d'ap. *Moreau*. Très-belle ép., marge.

1152 **SAINT-EVREMONT**. In-4, par *Gunst*, d'ap. *Parmentier*. — Monté dessous. In-8, par *Lepicié*. 2 p.

1153 **SAINT-MARTIN** (Jean-Antoine), né à Paris. Lithog. in-4, par *J. Boilly*.

1154 **SANTEUIL** (Jean de). Petit ovale, fac-simile du dessin dans la collect. de M. le duc d'Aumale.

1155 — Grand in-fol., par *Edelinck*, d'ap. *Du Méc*. — Monté dessous in-8, par *Sornique*. 2 p. Très-belles ép., marge.

1156 **SARRAU** (Claude). Ovale, d'ap. *Petitot*, par *Ceroni*. Superbe ép., avant toute lettre, sur Chine, toute marge.

1157 **SAURIN**, in-8, par *Croutelle*, d'ap. *Deveria*. Superbe.

1158 **SCARRON** (Paul). In-8, par *Schmidt*. Très-belle ép.

1159 **SERVANDONI** d'Hannetaire. Grand in-8, par *Vangelisty*, d'ap. *Monnet*. Très-belle ép., remargée.

1160 **SUE** (Eugène). Lithog. in-fol., sur Chine. Superbe.

1161 **THOU** (Jacques-Auguste de). In-fol., par *Morin*, d'ap. *Ferdinand*. Superbe ép.

1162 — Petit in-fol., dirigé à droite, par *Lochon*, d'ap. *Du Moustier*. Superbe.

1163 — Petit in-fol., dirigé à gauche. Très-belle ép., par *Vouillemont*, d'ap. *Du Moustier*.

1164 — Petit in-fol., par *J. Lubin*. — Monté dessous. In-8, par *De Marcenay*. Très-belle ép., avant toute lettre, marge. 2 p.

1165 **TISSOT** (P.-Fr.), auteur de la Minerve. — Poète et prosateur. 2 ép., états différents, par *Amb. Tardieu*. Ovales in-8, toute marge.

1166 **TOCHON** (Joseph-François). Lithog. in-4, par *J. Boilly*.

1167 **VADÉ** (Jean-Joseph). In-8, chez *Daumont*. Très-belle ép., toute marge.

1168 **VALOIS** (Adrien de). Petit in-fol., par Cl. *Duflos*, d'ap. *Merelle*. Superbe ép., marge.

1169 **VANDERBOURG** (M.-M.-Ch. Boudens). Lithog. in-4, par *J. Boilly*.

1170 **VAUVENARGUES** (L.-C. de). In-8, par *Barois*, d'ap. *Carmontelle*. Superbe.

1171 **VERTOT** (d'Aubert de). In-8, par *Mathey*. — Par *Bertonnier*. 2 p. Très-belles.

1172 **VONDEL**, grand in-4, par *Corneille Visscher*. Très-belle ép.

1173 **VOS** (De). In-4, par *K. Du Jardin*. Superbe.

1174 **WALCKENAER** (Ch.-Ach.). Lithog. in-4, par *J. Boilly*.

SAVANTS

AGRONOMES, BOTANISTES, ENTOMOLOGISTES
GÉOGRAPHES, GÉOLOGUES
GÉOMÈTRES, MINÉRALOGISTES, NATURALISTES, PHILOSOPHES
PHYSICIENS. POLYGRAPHES, VOYAGEURS
ZOOLOGISTES

1175 **Adanson** (Michel). In-8. *Tardieu.*

1176 **Ampere** (A.-M.). Lithog. *J. Boilly.* — Monté dessous, médaille de *David.* 2 p. in-4.

1177 **Banks** (sir Joseph). In-8. *Tardieu.* Chine et blanc. 2 p.

1178 **Beautemps-Beaupré** (Ch.-Fr.). In-4. Lithog. *J. Boilly.*

1179 **Becquerel.** In-4. Médaille de *David.*

1180 **Bernouilly** (Jacques). In-8, par *Dupin.*

1181 **Bernouilly** (Jean). In-4, par *Schmidt.* — Monté dessous, in-8, par *Ficquet.* 2 p. Très-belles.

1182 **Biot** (J.-B.). In-4. Lithog. *J. Boilly.*

1183 **Bonnet** (Charles). In-4, par *Clemens,* d'ap. *Jael.* — Petit in-fol. ovale entouré d'animaux et plantes. — Monté dessous ovale in-8, par *Tardieu.* Chine et blanc. 4 p.

1184 **Bory** de Saint-Vincent. Ovale in-8. *Tardieu.*

1185 **Bosc** (L.-Aug.-Guil.). In-4. Lithog. *J. Boilly.* — In-8 ovale, *Tardieu,* avant la lettre. Chine. — Avec la lettre. 3 p.

1186 **Brochant-Devilliers** (A.-J.-M.). In-4, lithog. *J. Boilly.*

1187 **Brongniart** (Alexandre). In-fol., par *Henriquel-Dupont.*

1188 **Buache** (J.-Nicolas). In-4. Lithog. *J. Boilly.*

1189 **Bouguer** (M.). Petit in-fol., par *Miger*, d'ap. *Perroneau.*

1190 **Buch** (baron Léopold de). Ovale in-8, par *Tardieu*, Chine et blanc. 2 p.

1191 **Buffon** (comte de). In-fol., par *Vangelisty.* — Monté dessous, in-4, par *Baron*, d'ap. *Drouais.* 2 p.

1192 **Buffon**, in-fol., par *Savart.* Superbe ép., avant toute lettre, marge.

1193 **Burgi** (Jobst). Petit portrait entouré de scènes de sciences, in-4, par Ant. *Eisenhoitt* Très-belle ép., rare.

1194 **Candolle** (Pyramus de). Ovale in-8, par *Tardieu*, Chine.

1195 **Carcavy** (Pierre de). In-fol., par *Edelinck*, d'ap. *Tetelin.* Superbe ép., marge.

1196 **Cassini** (Alex.-H.-G. de). Ovale in-8, par *Tardieu*, Chine et blanc. 2 p.

1197 **Chappe d'Auteroche** (l'abbé). In-4, par *Tilliard*, d'ap. *Fredou.*

1198 **Charron** (Pierre), parisien, in-8. Superbe ép.

1199 **Chevalier** (Michel). In-4. Lith. Gal. de la Presse.

1200 **Clapperton** (Hugh). In-8, *Tardieu*, Chine.

1201 **Comte** (Auguste), fondateur de la religion l'humanité. In-4. Eau-forte de *Bracquemond.* Toute marge. Superbe ép., rare.

1202 **Cordier** (P.-L.-Ant.). In-4. Lithog. *Boilly*.
1203 **Cuvier** (G.-Frédéric). Ovale in-8. *Tardieu*. Chine.
1204 **Cuvier** (Georges). In-4, *Lorichon*, d'après *Jacques*. — Monté dessous. — Ovale in-8, *Tardieu*. Chine. 2 p.
1205 **D'Anville** (J.-B. Bourguignon). Très-grand in-8, par *St-Aubin*, d'ap. *Duvivier*. Lettre grise.
1206 **Daubenton** (L.-J.-M.). In-8, par *St-Aubin*, d'ap. *Sauvage*, avant la lettre, les noms à l'encre dans la tablette. — Ovale in-8. *Tardieu*. 2 p.
1207 **De Fer** (Nicolas). Grand in-fol., par *Dupin*, 1746. Très-belle ép., marge.
1208 **De Sales** (J. Delile). In-4, par *Vinsac*, d'ap. *Pujos*, en noir et en couleur. — In-8, par *Duflos*, d'ap. *Borel*. 3 p.
1209 **Descartes** (Réné). In-fol., par *C.-V. Dalen*.
1210 — In-4, par *Habert*. Superbe ép., marge.
1211 — Petit in-fol., par *Jac. Lubin*. — Monté dessous. In-8, par *Dupin*. — Par *Ficquet*, remargé. 3 p.
1212 **Desfontaines** (René). In-4, lith. *Boilly*. — Monté dessous. In-8. Ovale. *Tardieu*. Chine. 2 p.
1213 **Desmarest** (A.-Gaetan). Chine. — Blanc. — **Desmarest** (Nicolas). 3 p. ovales in-8. *Tardieu*.
1214 **Dumont** de Ste-Croix. Ovale. *Tardieu*. In-8. Chine.

1215 **Dupetit-Thouars** (chevalier). Aubert AUBERT. In-4, lith. *Boilly*.

1216 **Euler** (Leonhard). In-8, par *Mechel*. — Petit in-fol., par *Kutner*. Monté en dessin. 2 p.

1217 **Fantel de Lagny** (Thomas). In-fol., par *Mutel*, d'ap. *S. Belle*. Très-belle ép., rare.

1218 **Forster** (I.-R.). In-fol., par *Bause*, d'ap. *Graff*.

1219 **Fourier** (Joseph). In-4, lith. *Boilly*.

1220 **Gay-Lussac** (J.-L.). In-4. *Boilly*. — In-fol. *Belliard*. 2 lithog.

1221 **Gebelin** (A. Court de). Par *Romanet*, d'ap. Mlle *Linot*. — Monté dessous, par *Huot*, d'ap. *Pujos*. 2 p. in-4.

1222 **Geoffroy-St-Hilaire** (Etienne). In-4 lith. *Boilly*. — Montés dessous, ovale in-8, *Tardieu*. — Profil, eau-forte de *Dutertre*. 3 p.

1223 **Girard** (P.-Simon). In-4, lith. *Boilly*.

1224 **Hauy** (René-Juste), par *Debucourt*, Rond in-4, d'ap. *Van Gorp*. Rare. Superbe.

1225 — In-4, lith. *Boilly*. — Monté dessous. Ovale in-8. *Tardieu*. 2 p.

1226 **Helvetius**. Ovale in-fol. en couleur, par *Alix*, d'ap. *Vanloo*. — Monté dessous in-8. 2 p. montées en dessin.

1227 **Hobbes** (Thomas). In-fol. Sanguine, par *François*.

1228 **Holbac** (baron d'). In-8, par *Robinson*, d'ap. *Latour*.

1229 **Humboldt** (Alexander von), par *Forster*, d'ap. *Steuben*. In-4. — Monté dessous, ovale in-8, *Tardieu*. Chine. 2 p.

1230 — (Baron F.-H.-Alex. de). In-4. Lith. *Boilly*.

1231 — In-fol., par *Trossin*. Publié à Leipzig.

1232 **Huigens** (Constantyn). Grand in-4, par *Blotelingh*, d'ap. *Netscher*. Superbe.

1233 **Huyghens** (Christianus). Manière noire. In-fol., par *Blooteling*. Superbe.

1234 **Huzard** (J.-B.). In-4, lith. *Boilly*.

1235 **Jaillot** (Alexis-Hubert), par *Vermeulen*, d'ap. *Culin*. Très belle ép. in-fol. avant toute lettre.

1236 — Le même avec la lettre.

1237 **Jussieu** (De). Profil à gauche, in-4, avant toute lettre, marge. Superbe ép., montée en dessin.

1238 — (Ant.-Laurent de). In-4. Lith. *Boilly*.

1239 **La Billardière** (Jacques-Julien de). In-4, lith. *Boilly*.

1240 **Lacépède** (comte de). Grand in-8, par *Vilyn* pour la suite des grands aigles. — Ovale in-8, sur Chine. = Pair de France, par *Tardieu*. — Lith. In-4. *Boilly*. 4 p. Très belles.

1241 **Lamarck** (de). In-4, lith. *Boilly*. — In-8 ovale, *Tardieu*, sur Chine. 2 p.

1242 **Lamouroux** (M.-V.-J.). — **Latreille** (P.-A.). 2 ovales in-8, *Tardieu*, sur Chine. — In-4 lith. *Boilly*. 3 p.

1243 ***Le Blond*** (Guil.), maître de mathématiques des enfants de France, profil à droite, par *St-Aubin*, in-4, d'ap. *Cochin*. Superbe.

1244 ***Lefevre-Gineau*** (Louis). In-4, lith. *Boilly*. — In-8, ovale, *Tardieu*, sur Chine. 2 p.

~~1245 ***Leslie*** (John). Ovale in-8. *Tardieu*. Chine et blanc. 2 p.~~

1246 ***Leibnitz***, petit in-fol., par *Bause*, d'ap. *Scheits*. — Montés dessous, in-8, par *Le Febvre*. — Chez Daumont. — Par *Boutrois* et *Adam*. 4 p.

1247 ***Lelièvre*** (Ch.-Hug.). In-4, lith. *Boilly*.

1248 ***Leslie*** (John). Ovale in-8. *Tardieu*. Chine et blanc. 2 p.

1249 ***Le Sueur***, profil à gauche, par *Nicollet*, d'ap. *Cochin*. In-4. Superbe.

1250 ***Linnée*** (Charles). In-4, par *Juliani*, d'ap. *Tramontini*. Superbe ép., lettre grise.

1251 ***Locke*** (Jean). In-4, par *Morellon La Cave* d'ap. *Kneller*. — In-8, par *Dupin*. — Par *Smart*. 3 p.

1252 ***Malebranche*** (Nicolas), par *N. Edelinck*, d'ap. *Santerre*. In-4. — Monté dessous, par *Mécou*. In-8. 2 p.

1253 — In-4, par *de Rochefort*. — Sanguine. Petit in-fol., par *François*. 2 p.

1254 ***Malte-Brun***, ovale orné, par *Waltner*. In-8,

1255 ***Malus*** (E.-L.). Ovale, in-8, *Tardieu*. — Monté dessous, profil, eau-forte de *Dutertre*. 2 p.

1256 **Millin** (Aubin-Louis). In-4, lith. *Boilly*.

1257 **Mionnet** (Th.-Edm.). lith., par *Belliard*, d'ap. *Counis*. In-8. Superbe, toute marge.

1258 **Mirbel** (Cl.-Fr. Brisseau), né à Paris, in-4, lith. *Boilly*. — In-8, ovale *Tardieu*, sur Chine. 2 p.

1259 **Mitscherlich** (E.). Ovale in-8, *Tardieu*. 3

1260 **Mongez** (Antoine). — **Morel - Vindé** (vicomte de). 2 p. in-4, lith. *Boilly*.

1261 **Newton** (Isaac). Grand in-8, par *Sharp*, d'ap. *Kneller*. — Par *Monsaldi*, d'ap. *Seeman*. — Monté dessous, par *Ravenet*, d'ap. *Roettiers*. — Profils à gauche, par *St-Aubin*, lettre grise et avec la lettre. 5 p. Superbes. 11 Vig.

1262 **Nollet** (J.-A. abbé). In-8, par *Beauvarlet*, d'ap. de *La Tour*. — In-4, par *Molés*. 2 p. Très-belles. 3 Vig.

1263 **Olivier** (Guil.-Ant.). — **Pallas** (P.-Simon). 2 p. in-8, ovales, *Tardieu*, sur Chine.

1264 **Palissot de Beauvois** (baron). In-4, lith. *Boilly*.

1265 **Parcieux** (Antoine de). Profil à droite, in-4, par *Nicollet*, d'ap. *Cochin*. Superbe ép., marge. 1

1266 **Parmentier**. Lithog. in-4. — Monté dessous, in-8, *Forestier*. 2 p. 3 Vig.

1267 **Pascal** (Blaise). Petit in-fol., par *Edelinck* pour les grands hommes de Perrault. Belle ép., marge. — Monté dessous, in-8, par *Sornique*. 2 p. 2.50 Vig.

1268 — Dirigé à droite, petit in-fol., par *Edelinck*. Belle ép.

1269 **Peiresc** (N.-Cl. Fabri de). In-4, par *Mellan*. — Le même, la planche réduite, avec adresse d'Odieuvre. — L'adresse effacée. — Petit in-fol., par *J. Lubin*. 4 p.

1270 **Peron** (François). In-4, par *Lambert*, d'ap. *Lesueur*. — In-8 ovale. *Tardieu*. — **Pennant** (Th.). Ovale, *Tardieu*. In-8, sur Chine. 3 p.

1271 **Perrault** (Charles). In-fol., par *Baudet*, d'ap. *Le Brun*.

1272 **Perrault** (Claude), par *Edelinck*, d'après *Vercelin*. Grand in-4. Très-belle ép.

1273 **Petit-Radel** (L.-C.-F.). In-4, lith. *Boilly*. — **Pictet** (M.-Aug.). In-8 ovale, *Tardieu*, sur Chine. — **Poinsot** (Louis). — **Poisson** (S.-D.). In-4, lith. *Boilly*. 4 p.

1274 **Quatremère de Quincy** (Ant.-Chrys.). In-4, lith. *Boilly*. — **Ramond** (L.-F.-E. baron). Ovale in-8, *Tardieu*, Chine. — In-4, lith. *Boilly*. — **Raoul-Rochette** (Désiré). 4 p.

1275 **Réaumur** (R.-Ant. Ferchault de). In-fol., par *Simonneau*, d'ap. *S. Belle*. Monté en dessin. — 2 différents, in-8, par *Tardieu*. 3 p.

1276 **Richard** (L.-Cl.). — **Rossel** (E.-P.-Ed. de). In-4, lithog. *Boilly*. 2 p.

1277 **Rumford** (comte de). Manière noire. Ovale. In-8, publié à Londres.

1278 **Sage** (Balt.-George). In-8, par *De Marcenay*. Superbe ép., avant toute lettre.

1279 — Grand in-8, par *Hubert.* — In-4, lith. *Boilly.* 2 p.

1280 **Saussure** (H.-Benedict de). In-fol., par *Pradier*, d'ap. *St-Ours.* — Montés dessous, in-8, par *Fontanals.* — Ovale. *Tardieu.* 3 p.

1281 **Silvestre de Sacy** (baron Ant.-I.). — **Silvestre** (Aug.-François de). 2 p. in-4, lith. *Boilly.*

1282 **Sparrman.** In-fol., par *Hubert*, d'après *Mollard.* Superbe.

1283 **Tavernier** (Jean-Baptiste), baron d'Aubonne. In-4, par *Bainzelman.* — En pied en costume oriental. 2 p. Très-belles.

1284 **Tessier** (H.-Alex). — **Thouin** (André). In-4, lith. *Boilly.* — Ovale in-8, *Tardieu.* Chine. — **Trembley** (Abraham). In-8 ovale, *Tardieu.* Chine et blanc. 5 p.

1285 **Truchet** (F.-Sébastien), religieux, petit in-fol., par *Thomassin*, d'ap. Elisabeth *Cheron.* Superbe ép., marge.

1286 **Vaillant** (Sébastien). Chine et blanc. — **Vaucanson**, par *Villeret.* — **Werner** (Abr.-Théophile). Chine. *Tardieu.* 4 p. in-8.

1287 **Wollaston** (William). Manière noire. In-fol., par *Faber*, d'ap. le buste en marbre.

1288 **Wolff** (Christian). In-4, par *Daudet*, 1731. — In-8, par *Will*, marge. 2 très-belles ép.

1289 **Yvart** (J.-Aug.-Victor). In-4, lith. *Boilly.*

CHIMISTES

1290 **BERTHOLLET** (Comte). Lithog. par *J. Boilly*, in-4 — monté dessous ovale in-8. Pair de France par *Tardieu*. — In-8 ovale, *Tardieu*, d'ap. un peintre américain — monté dessous, profil à l'eau-forte, par *Dutertre*. 4 p.

1291 **BERZELIUS**, d'ap. un buste — d'après *Kruger* — **Boyle** (Robert), sur Chine. 3 p. in-8 ovales par *Tardieu*. Superbes, toute marge.

1292 **CADET** (Claude), par *Henriquez*, petit in-fol, d'ap. *Bourgoin*. Très-belle ép., montée en dessin.

1293 **CHAPTAL** (J.-A. comte), par *J. Boilly*. Lith. in-4 — monté dessous in-8. Collection Blaisot, 2 p. Superbes.

1294 — Comte de Chanteloup, d'ap. *Gros*. Pair de France. 2 p. ovales in-8 par *Tardieu*. Superbes, toute marge.

1295 **CHARAS** (Moses), par l'Anglois (1678), d'ap. Potier, in-4. Superbe ép., petite marge.

1296 **CHEVREUL** (Michel-Eugène), d'après nature, par Amb. *Tardieu*. Ovale in-8, sur chine. — Procédé Collas, d'ap. la médaille de *David*. 2 p.

1297 **D'ARCET** (J.-P.-J.). Lithog. in-4, par *J. Boilly*. — Ovale in-8, avant toute lettre, sur chine. — Avec la lettre, par Ambroise *Tardieu*. 3 p.

1298 **DAVY** (Sir Humphrey). Ovale in-8, par Amb. *Tardieu.*

1299 **DULONG** (P.-L.). Lithog. in-4, par *J. Boilly.* — Monté dessous, procédé Collas, d'ap. la médaille de *David.* — Ovale in-8, par Amb. *Tardieu,* sur chine. 3 p.

1300 **DUMAS.** Lithog. in-fol, par *Maurin.*

1301 **KLAPROTH** (M.-H.). Ovale in-8, par Amb. *Tardieu,* chine.

1302 **LAVOISIER** (Ant. Laurent). Ovale in-8, par Amb. *Tardieu.*

1303 **MACQUER** (P.-J.), par *Benoist,* d'après *Garand.* Petit in-fol. Très-belle ép., marge, monté en dessin.

1304 **MILLY** (N.-Ch. de Thy comte de). Petit in-fol., par *Thomas,* 1781, d'après *Notti.* Superbe ép., grande marge.

1305 **PRIESTLEY** (Joseph). — Proust (Louis). 2 ovales in-8, par Amb. *Tardieu,* sur chine. Superbes.

1306 **THÉNARD** (L.-J.). Lithog. in-4, par *J. Boilly.*

1307 **VAUQUELIN** (Nicolas-Louis). In-4, par *Dequevauviller,* d'ap. *Besselièvre.* — Lithog. in-4, par *J. Boilly.* — Monté dessous, ovale in-8, par Amb. *Tardieu,* chine. 3 p. superbes.

MÉDECINS, CHIRURGIENS

1308 **ALPINUS** (Prosper). Petit in-fol., par *Blokhuyzen.* Belle ép.

1309 **ANDRAL.** Lithog. in-4, par *Maurin.*

1310 **ARLENSIS** de Scudalupis (Petrus). In-8, par *Thomas de Leu.* Superbe ép.

1311 **ASTRUC.** In-4, par *Balbou,* d'ap. *Monnet.*

1312 **BARON** (Hyac.-Th.). In-fol., par *Littret de Montigny* ad vivum. Superbe ép., marge.

1313 **BARTHOLINUS** (Casparus). In-8, par *J. Edelinck.* Très-belle ép., marge.

1314 **BAUDRAN,** par *Fornazeris.* Très-grand in-8. Superbe ép. Œtatis suæ, 77. — Très-belle ép. Œtatis suæ, 78. 2 p.

1315 **COSME** (Frère Jean de Saint). In-fol., d'ap. *Nollekens.* Très-belle ép., rare.

1316 — In-4, par *Godefroy,* avec l'instrument sur la tablette de support. Très-belle ép. avant toute lettre, grande marge. Le frère Come écrit à l'encre dans la tablette.

1317 **BEAULIEU** (Frère Jacques de), anachorète, opérateur fameux et gratis, par *Vanden Berge,* tenant un couteau. — Presque le même, tenant une sonde. 2 p. grand in-4. *Schenck ex.*

1318 **BÉCLARD** (P.-A.). Ovale in-8, par *Amb. Tardieu,* sur chine. Superbe.

1319 **BICHAT** (Xavier). In-8, par *Adam.* Superbe ép., toute marge.

1320 **BLOCH** (M.-El.). In-8 ovale, *Tardieu,* sur chine.

1321 **BLUMENBACH** (J.-F.). Ovale. — Claire-voie. 2 p. in-8, par *Amb. Tardieu.*

1322 **BOERHAAVE** (Hermann). Profil in-4, par *Pruneau*. Très-belle ép.

1323 — In-4, par *Anderloni*, d'après *Gavaglia*. Superbe ép., marge.

1324 **BOYVEAU-LAFFECTEUR**. In-4 ovale, par *Perée*, d'ap. *Augustin*. Superbe ép., marge.

1325 **BOUVARD** (M.-Ph.), par *Henriquez*. Petit in-fol. Très-belle ép., grande marge.

1326 **BOSQUILLON**. In-8, par *Saint-Aubin*, d'ap. *Isabey*, avant et avec la lettre. 2 p. superbes.

1327 **BOUILLAUD**. Lithog. in-4, par *Maurin*.

1328 **BOYER** (Le baron). Lithog. in-4, par *J. Boilly*. — Lithog. in-4, par *Maurin*. 2 p.

1329 **BROUSSAIS**. In-fol., par *Bonvoisin*, d'ap. *Duchesne*, avant toute lettre, sur chine. — Avec la lettre, sur chine. — Lithog. in-fol., par *Maurin*. 3 p. Superbes ép., toute marge.

1330 **BROUSSONNET** (P.-A.-M.). Ovale in-8, par *Amb. Tardieu*.

1331 **BRUNYER** (D.-Abel). Petit in-fol., par *Landry*, 1661. Superbe.

1332 — In-4, par *Michel Lasne*, avec cette devise : *Qui stat videat ne cadat*. Superbe.

1333 **BUCHAN**. In-8, par *Miger*. Très-belle ép.

1334 **CALDANI** (L.-M.-A.). Ovale in-8, par *Amb. Tardieu*.

1335 **CAMPER** (P.). Claire-voie, par *Forestier*. In-8

1336 **CHAUSSIER** (François), par *J. Boilly*. — Par *Vigneron*. 2 lithog. in-4.

1337 **CHICOYNEAU** (François). Petit in-4, par *Will*, d'ap. *P. Le Sueur*. Très-belle ép.

1338 **CLOQUET** (J.-H.). Ovale in-8, par *Amb. Tardieu*, sur chine.

1339 **COLLOT** (Philippe), par *Edelinck*. Petit in-fol. Superbe ép., marge.

1340 **CORVISART** (J.-N.). Petit in-fol. par *Blot*, d'ap. *Gérard*. — Monté dessous. In-8, par *Fauchery*. — Lithog. in-4, par *J. Boilly*. 3 p. Très-belles.

1341 **COSTE** (J.-F.), par *Amb. Tardieu*. Ovale in-8.

1342 **COYTIER** (Jacques). In-8, par *François*, d'ap. *Robert*.

1343 **CRAANEN** (Théod.). Petit in-fol., par *Blooteling*, d'ap. *Toornvliet*. Très-belle ép.

1344 **CULLEN**. Manière noire in-fol., par *Val. Green*, d'ap. *Cochrane*.

1345 **CURVO** Semmedo (J.). Petit in-fol., par *Dossier*, 1715.

1346 **DARAND** (Jacques). In-8, par *Martinet*. Très-belle ép., rare.

1347 **DEGRAVERS**, oculiste. Profil in-4, par *Macret*. Superbe ép., marge.

1348 **DESCHAMPS** (J.-F.-L.). Lithog. in-4, par *J. Boilly*.

1349 **DESGENETTES** (Baron). Ovale petit in-4, sur chine. — Monté dessous. Profil in-8, eau-forte de *Dutertre*. 2 p.

1350 **DEYEUX**, chimiste (Nicolas). Lithog. in-4, par *J. Boilly*.

1351 **DODART**. Profil in-4, par *Watelet*, d'ap. *Cochin*. — Ovale in-8, par *Amb. Tardieu*, avant la lettre, chine. — Avec la lettre. 3 p. superbes.

1352 **DUBOIS** (Baron A.) In-4, par *Defrey*, d'ap. *Gérard*, avec l'adresse de Toulouse. — Le même, adresse de Danlos. 2 p. Très-belles ép., marge.

1353 — Très-grand in-4 en couleur, par *Gautier*, d'ap. *Boilly*. Superbe ép., marge.

1354 **DUMERIL** (A.-M.-C.), par *J. Boilly*. — Par *Maurin*. 2 lithog. in-4.

1355 **DUPUYTREN**. Lithog. in-fol. par *Maurin*. — Dessous. In-8, eau-forte pour les Contemporains. — Par *Dequevauvillers*. 3 p.

1356 **FAGON** (Guy-Crescent). In-8, par *Ficquet*, d'ap. *Rigaud*.

1357 **FALCONET** (Camille). Grand in-4, par *Moitte*, avant toute lettre. — Monté dessous avec la lettre, avant le nom du graveur. 2 p. superbes, montées en dessin.

1358 — In-4, fac-simile, par le comte de *Caylus*, d'ap. *Mme Doublet*. Superbe ép., extrêmement rare.

1359 **FERNEL**. Ovale in-8, de *Moncornet*. Très-belle ép., marge.

1360 **FLINCK**. Petit in-fol., par *Blotelingh*.

1361 **FORMEY** (I.-H.-S.). In-8, par *Berger*, d'ap. *Chodowiecki*. Très-belle ép., marge.

1362 **FOREST.** In-8, par *Goltzius*, signé *P. Mariette*, 1670, et Gervaise, 1860. Superbe ép.

1363 **GALL.** Grand in-fol., manière noire, par *Ruhierre*, d'ap. *Mme Benoist*. — Monté dessous, lithog. in-fol., par *Belliard*. — Ovale petit in-fol., par *Bourgeois de la Richardière*, d'ap. *Boilly*. — Profil avec le système cranologique. 4 p. Très-belles.

1364 **GENDRON** (Claude Deshais). Grand in-fol., par *Daullé*, d'ap. *Rigaud*. Superbe ép., marge.

1365 **GEOFFROY** (Et.-Fr.). In-fol., par *Surugue*, 1737, d'ap. *de Largillière*. Superbe ép., grande marge.

1366 **GRANDJEAN** (Guillaume de), oculiste. In-fol., par *Gaillard*, 1784, d'ap. *Deshayes*. Très-belle ép.

1367 **GUENAUD** (Fr.). In-fol., par *Rousselet*, 1658, d'ap. *Seve*. Très-belle ép.

1368 **GUILLOTIN.** Ovale in-8. *Bonneville*.

1369 **HABICOT.** In-8, par *Thomas de Leu*, d'ap. *Daniel Dumoustier*. Superbe ép.

1370 **HACQUET** de la Motte (Balthasar). In-fol., par *Kohl*, d'ap. *Linderer*. Très-belle ép., marge.

1371 **HAMON.** Grand in-8, par *Van Schuppen*. — In-4, par *Lochon*. 2 p. Très-belles.

1372 **HAHNEMANN** (Samuel). In-8, par *Beyer*, d'ap. *Schoppe*. — Procédé *Collas*. In-4, d'ap. la médaille de *David*. 2 p. Très-belles.

1373 **HALLÉ** (J.-N. chevalier), né à Paris. Lithog. in-4, par *J. Boilly*.

1374 **HALLER** (Albrecht von). In-fol. par *Bause* 1773. — Monté dessous. In-4. par P.-F. *Tardieu*, d'ap. *Handmann*. 2 p. Très-belles.

1375 — (Albertus). Profil in-4, par *Pruneau*. Très-belle ép.

1376 **HARVEY** (William). In-8, par *Cook*. Très-belle ép., marge.

1377 **HARVEY** (Gédéon), par *Pierre Philippe*. In-4. Superbe.

1378 **HOIN** (Fra.-Jac.). Profil à gauche. In-4, par *Fessard*, d'ap. C.-J.-B. *Hoin*. Superbe.

1379 **HUFELAND**, In-fol., par Fréd. *Muller*, d'ap. *Tischbein*. Superbe ép., marge, monté en dessin.

1380 **HUNTER** (John). Grand in-fol. par *Sharp*, d'ap. sir Joshua *Reynolds*. Superbe ép., les noms d'artistes à la pointe.

1381 — In-8. — William HUNTER. 2 ovales in-8, par *Amb. Tardieu*, toute marge.

1382 **JENNER** (Edward). Grand in-fol., par *Monsaldi*. — Monté dessous. In-8, par *Amb. Tardieu*. 2 p.

1383 — La Vaccine ou l'Inoculation à la mode, charge, chez Despeuille. Petit in-fol. — Monté dessous copie, in-4, contre-partie. 2 p.

1384 **JURINE** (Louis). In-fol., par *Pradier*, d'ap. *Arlaud-Jurine*. Très-belle ép.

1385 **LA FAYE** (George de). Grand in-8, par *Dupin*. — Ovale in-8, par *Amb. Tardieu*. 2 p. superbes.

1386 **LA FOSSE** (D.-D.). In-fol., par *Michel*, d'ap. *Barguiniez*. Très-belle ép., marge.

1387 **LA HAYE** (François de). In-8, par *Van Schuppen*. Superbe ép., grande marge.

1388 **LALLEMAND** (M.-Fr.). Ovale in-8, par *Amb. Tardieu*, sur chine.

1389 **LAPEYRONIE** (F. de). In-4, par *Pruneau*. Superbe.

1390 **LARREY**. Eau-forte de *Duterire*. Profil in-8.

1391 **LASSONE** (J.-M.-F. de). Profil à gauche. In-4, par *Aug. de Saint-Aubin*, d'ap. *Cochin*. Superbe.

1392 **LE CAT**. In-4, par *Henriquez*, d'ap. *Restout*. — Monté dessous, par *Amb. Tardieu*. Ovale in-8, sur chine. 2 p.

1393 **LEVRET** (André). In-8, par *Louis Le Grand*, d'ap. *Chardin*. Très-belle ép., marge.

1394 **LORRY** (Paul-Charles). In-4, par *Ingouf*, d'ap. *Hallé*.

1395 **LOUIS** (Antoine). In-4, par *Miger*, d'ap. *Chardin*. 1re ép. avec trois lignes en bas. — La tablette agrandie et deux lignes ajoutées, en tout cinq lignes. — In-8, par *Le Beau*, d'ap. *Binet*. 3 p.

1396 **MAELSON** (François). In-8, par *Wierix*. Superbe.

1397 **MAGENDIE** (François). Lithog. in-4, par *J. Boilly*. — Monté dessous, procédé Collas, d'ap. la médaille de *David*. 2 p. Très-belles.

1398 **MALACARNE** (Vincent). — MASCAGNI (Paul). — MÉRY (Jean). — MORAND (J.-Fr.-Clém.). 4 p. ovales in-8. par *Amb. Tardieu*.

1399 **MESMER** (Antoine). Grand in-8, par *Dupin*, d'ap. *Desrais*. Superbe ép. montée en dessin.

1400 **MORAND** (Sauveur-F.). Profil à droite. In-4, par *Campion de Tersan*, d'ap. *Cochin*. Très-belle ép.

1401 **MOREAU** (René). Petit in-4, par *M. Lasne*.

1402 **MORIN** (L.-B.). Petit in-fol., par *N. Poilly*, avant le nom de *Flamen*. Superbe.

1403 **PARÉ** (Ambroise). In-8, par *Ficquet*. Très-belle ép.

1404 **PARENT** du Chatelet. Ovale in-8, par *Geoffroy*.

1405 **PATIN** (Guy). In-4, par *Masson*. Très-belle ép.

1406 **PATIN** (Charles), par *Le Fébure*. Petit in-fol. Très-belle ép. — Monté dessous in-8. Très-belle ép., marge. 2 p.

1407 **PERCY** (P.-Fr. baron). Lithog. in-4, par *J. Boilly*.

1408 **PETIT** (Antoine). Grand in-fol. par *Benoist*. Superbe.

1409 — In-4, par *Macret*. Superbe ép. avant l'adresse.

1410 **PHILIP** (Joseph). Profil à gauche. In-4, par *Miger*. Superbe ép., marge.

1411 **PICHAULT** de la Martinière. Grand in-fol. par *Gaillard*, d'ap. *Latinville*.

1412 — In-8, par *Le Beau*, d'ap. *Desrais*. — Buste sur piédouche avec attribut et le médaillon de Louis XV, avant et avec la lettre, 3 p.

1413 **PINEL** (Philippe). Lithog. in-4, par *J. Boilly*.

1414 **PITTARD** (Jean). In-8, par *Dupuis*. Très-belle ép., marge.

1415 **PLANIS** Campy (David de). In-8, par *M. Lasne*.

1416 **POMME** (Pierre), par *Le Vasseur*, d'ap. *Kymli*. Grand in-8. — Le même, la planche réduite. In-8. 2 p.

1417 **PORTAL** (Antoine). In-4, par *Dupin*, d'ap. *Pujos*. Superbe ép. montée en dessin. — Lithog. in-4, par *J. Boilly*. 2 p.

1418 **POURFOUR** (François) du Petit. Petit in-4, par *Beaumont*, d'ap. *Restout*. Superbe.

1419 **QUESNAY** (Fr.), par *François*. Grand in-fol., essais de gravures de divers genres réunis. — Monté dessous. In-8, par *Amb. Tardieu*. 2 p.

1420 **RÉCAMIER**. Manière noire. Grand in-fol. par *Girard*, d'ap. *Guérin*. Superbe ép. avant la lettre.

1421 **RIOLAN**. Grand in-8, par *Rousselet*.

1422 — In-4, par *M. Lasne*, d'ap. *du Moutier*. Très-belle ép.

1423 **ROUX.** Lithog. in-fol., par *Maurin*.

1424 **RUDOLPHI** (Ch.-Asmond). Ovale in-8, par *Amb. Tardieu,* sur chine.

1425 **RUYSCH** (Frédéric). Manière noire. Ovale in-4, par *Schenk,* d'ap. *Pool.* Superbe.

1426 **SCARPA** (Antoine), par *Anderloni,* d'ap. *Cattaneo.* Ovale in-4. — Monté dessous, ovale in-8, par *Amb. Tardieu,* sur chine. 2 p. Superbes ép., marge.

1427 **SENAC** (Jean). — SHAW (George), avant et avec la lettre. — SOMMERING (Samuel-Th.), sur chine et sur blanc. 5 p. Ovale in-8, par *Amb. Tardieu.*

1428 **SUE** (Jean-Joseph). Profil à droite, par *Pruneau,* d'ap. *Pujos.* — Par *Vinsac,* avant toutelettre. — Profil à gauche, par *Pruneau,* d'ap. *Pujos.* 3 p. in-4. Très-belles ép.

1429 **TISSOT,** par *Blanchard,* d'ap. *Fontaine.* — TREW (Chr. Jacob). Ovale, par *Amb. Tardieu,* chine. 2 p.

1430 **TRONCHIN** (Théodore). In-4, par *Gaillard,* d'ap. *Liotard,* monté en dessin. — Ovale in-8, par Amb. *Tardieu.* 2 p.

1431 **TULPIUS.** In-4, par *Santwoort,* avant toute lettre.

1432 **VALOT.** In-fol., par *Lochon,* d'après *Champagne.* Superbe.

1433 **VAVASSEUR** (Guillaume), par *Ficquet.* In-8.

1434 **VERMONT** (Carolo Tussaño de). In-4, par L.-F. *de Vermont*, d'ap. *Navarre*. Superbe ép. montée en dessin.

1435 **VIEUSSENS** (Raymond). Petit in-fol. par Math. *Boulanger*. Très-belle ép.

1436 **VITET** (L.). In-8, par *Tardieu* l'aîné, d'ap. *Hennequin*.

1437 **VORSTIUS** (Alophe). In-fol., par *Pontius*, d'ap. *Gérard Petri*.

1438 **WILLIS**. Ovale in-4, par *Collier*, d'ap. *Russell*.

1439 **WINSLOW**. In-4, par *Romanet*, d'ap. *Cochin*.

1440 **WORLOCK**. In-8, par *Saint-Aubin*, d'ap. *Denon*. Superbe ép., très-grande marge.

ASTRONOMES

1441 **ARAGO**, grand in-fol., manière noire, par *Sixdeniers*, d'ap. *Henri Scheffer*. — Monté dessous, lithog. in-4, par *J. Boilly*. 2 p. — Superbes.

1442 **BAILLY**, maire de Paris, par *Quenedey*, rond en couleur, in-8, profil à droite. — Profil à gauche in-8, par *Massard*, d'ap. *Godefroy*, collect. Dejabin. 2 p. Superbes, avec marge.

1443 **BOUVARD** (Alexis), lithog. in-4, par *J. Boilly*.

1444 **BRAHÉ** (Tycho), in-4, par *Gheyn*. Superbe.

1445 **BURCKHARDT** (J.-C.), lithog. in-4, par *J. Boilly.*

1446 **CASSINI** (J.-Dominique), in-4, manière du crayon, sanguine par *François.* — Monté dessous in-8, par *Dupuis*, d'ap. *Baubrun.* 2 p. (mort en 1712).

1447 **CASSINI** (J.-Dominique comte de), né à Paris, 1748, mort en 18.., lithog. in-4, par *J. Boilly.*

1448 **CHAPPE** (l'abbé Jean), d'Auteroche, in-4, par *Tilliard*, d'ap. *Fredou*, monté en dessin.

1449 **COPERNIC** (Nicolas), petit in-fol., par *Falck.* Superbe ép. — Monté dessous in-8. Très-belle ép. avec l'adresse d'Odieuvre. 2 p. avec marge.

1450 **DELAMBRE**, grand in-8, par *Hall.* Superbe ép. sur Chine. *Proof*, marge.

1451 — J.-B.-J., chevalier), lithog. in-4, par *J. Boilly.*

1452 **GALILÉE**-Galilei, in-4, par *Vendersypen*, pour la gal. de Versailles.

1453 **GASSENDI**, in-4, par *Mellan.* — La planche réduite, avec l'adresse d'Odieuvre. — l'adresse effacée. 3 p.

1454 **HERSCHEL** (William), grand in-8, par *Duhamel*, marge.

1455 — Lithog. in-4, par *J. Boilly.*

1456 **KRATZER**, in-4, par *Thevenin*, d'après *Calamatta.*

1457 **LA CAILLE** (l'abbé de), in-4, par Mlle *Devaux*, d'ap. Mlle *Le Jeuneux*. Superbe ép., montée en dessin.

1458 **LALANDE** (Jérôme de), in-8, par *Dupin*, d'ap. *Pujos*.

1459 — In-4, par *Saint-Aubin*. Superbe ép. avant le nom de l'artiste, marge. — Monté dessous ovale in-8, *Bonneville*. 2 p.

1460 **MATHIEU** (Claude-Louis), lithog. in-4, par *J. Boilly*.

1461 **MUSSCHENBROEK** (P. Van), in-4, dans un encadrement, in-fol., par *Houbraken*, d'ap. *Quinkhard*. Superbe ép., marge.

AÉRONAUTES

1462 **BLANCHARD**. Très-grand in-8, par Mlle *Evans*, d'ap. *Bolomey*, au bas un ballon Superbe ép. en bistre, marge rare, monteé en dessin,

1463 — Quatorzième expérience aérostatique, avec le chevalier Lepinard à Lille, 1785, par *Helman*, d'ap. *L. Watteau*, in-fol., avant la dédicace et l'adresse. Superbe.

1464 — La même avec dédicace. Superbe ép., marge.

1465 **CHARLES**, aux Thuilleriès 1er décembre 1783. Grand in-4, par *Miger*. — (Jacques-Alexandre-César), lithog. in-4, par *J. Boilly*. 2 p.

1466 — Seconds voyageurs aériens, de Charles et Robert aux Thuilleries, 1er décembre 1783, avec la carte des voyages, in-4, par *Moreau le jeune*, sans le nom. Superbe ép.

1467 — Second voyage aérien, grand in-8, en hauteur, par *N. de Launay*, d'ap. le chev. de *Lorimier*. Superbe ép., marge.

1468 **MONTGOLFIER** (Etienne et Joseph). Profils superposés, médaille. Très-grand in-8, par *de Launay* le jeune, d'ap. *Houdon*. Superbe ép., marge.

1469 — (Etienne), in-8, par *Le Beau*, d'ap. *Binet*, belle ép. marge.

1470 — Expérience faite à Versailles, 19 septembre 1783, grand in-8, par *N. de Launay*, d'ap. le chev. de *Lorimier*, Superbe ép., marge.

1471 — Troisième voyage aérien, à Lyon, 19 janvier 1783, grand in-8, par *N. de Launay*, d'ap. le chev. de *Lorimier*. Superbe ép., marge. — Monté dessous, la même, avec au coin gauche en haut: Planche 3e. — 2 p.

1472 **PILATRE DE ROZIER**, in-4, chez *Beljambe*. Superbe ép., marge.

1473 — Premier voyage aérien, par le marquis d'Arlande et Pilatre de Rozier, in-8, chez *Vachez*. Vue de la terrasse de M. Franklin à Passy. Superbe.

1474 — Premier voyage aérien en présence de M. le Dauphin à la Muette, par le marquis d'Arlande et Pilatre de Rozier, grand in-8, par *N. de Launay*, d'après le chev. de *Lorimier*. Superbe ép., marge.

1475 — Vue de la garenne du roi à Vimereux, près Boulogne-sur-Mer : mercredi 15 juin 1785. Pilatre de Rozier et Romain périrent par l'explosion du ballon; les portraits dans un médaillon au milieu du bas, petit in-fol. — Médaille de Louis XVI et revers avec deux ballons, in-8 sur Chine. 2 p.

MÉCANICIENS, HORLOGERS

1476 **BREGUET** (Abraham-Louis). — **Cauchy** (Augustin-Louis). — **Dupin** (Charles), 3 lithog. in-4, par *J. Boilly*.

1477 **LEROY** (Julien), horloger, in-fol., par *Moitte*, d'ap. *Perroneau*. — Monté dessous in-8, par *Hubert*. 2 p. montées en dessin.

1478 **MONGE** (Gaspard), comte de Peluse, lit. in-4, par *J. Boilly*. — Monté dessous, procédé Collas, d'ap. la médaille de *David*. — Dessous profil in-8, eau-forte de *Dutertre*. — Profil à gauche ovale in-4, par *Quenedey*. 4 p.

1479 **PRONY** (G.-C.-F.-M.-R. de). — **Sané** (Jacques-Noël-Baron), 2 lithog. in-4, par *J. Boilly*.

1480 **VAUCANSON**, par *Villerey*, d'après *Jacob.* — Monté dessous, médaille par *Petit.* 2 p. in-8.

PAPES

1481 **ADRIEN** VI. Son tombeau et médailles, in-fol.

1482 **ALEXANDRE** VII, in-fol., par *Van Schuppen*, avant la lettre. Superbe. — Monté dessous, collect. *Darct*, et autre in-4. 3 p.

1483 **ALEXANDRE** VIII, par *Roullet*, — par *Larmessin*. 2 p. in-4.

1484 **BENOIT** XIII, in-4. — Monté dessous in-8, par *Gaillard*. 2 p.

1485 — In-4, par *Habert*. Très-belle ép., grande marge.

1486 — In-fol., de profil entouré d'attributs. *Pfeffel* excud.

1487 — Grand in-fol., à cheval, par *Jacob Frey*.

1488 — Tenant le Concile, 1725. Grand in-fol.

1489 **BENOIST** XIV. *Fac-simile*, grandeur naturelle, du dessin dans la collect. de M. le duc d'Aumale.

1490 — In-4, chez *Gautrot*. — Monté dessous, le même, la planche coupée en ovale et intercalée dans un entourage. 2 p. in-4., montées en dessin.

1491 — In-4, de la calcographie *Romaine*. Très-belle.

1492 — Médaillon soutenu par la Renommée et deux anges; in-fol., par *Frey*, d'ap. *Battoni*.

1493 **CLÉMENT IX**, grand in-fol., par *Hall*, d'ap. Carle *Maratte*. Superbe.

1494 — In-fol., par *Bonnart*, d'ap. *Poussin*. Superbe. — Monté dessous in-4, par *Larmessin*, 2 p.

1495 **CLÉMENT X**, in-4, par *Larmessin*.

1496 **CLÉMENT XI**, in-fol.

1497 — In-4, par *Habert*. — Le même, la planche coupée en ovale et intercalée dans un entourage. — Monté dessous in-4, chez *Jollain*. 3 p.

1498 — In-4, par *Hier. Rossi*, marge.

1499 — Conclave pour l'élection de Clément XI. Très-grand in-fol.

1500 — Ordre de la procession. — Théâtre dressé dans l'église Saint-Pierre pour la canonisation de quelques saints en 1712. — 2 p. grand in-fol., par *B. Picart*.

1501 **CLÉMENT XII**, in-8, *Desrochers*, chez Daumont, toute marge.

1502 **CLÉMENT XIII**, grand in-fol., par *Cunego* et *Piranesi*. Superbe ép., marge.

1503 — In-fol., par *Ceccarini*, monté en dessin.

1504 **CLÉMENT XIV**, petit in-fol., d'ap. *D. Porta*.

1505 — Petit in-fol., par *Tilliard*. Très-belle.

1506 — Petit in-fol., par *Duponchel*. — Monté dessous, par *Le Beau*, grand in-8. 2 p. Superbes ép., marge.

1507 — A cheval, grand in-fol., par *Volpato*.

1508 **GRÉGOIRE** (saint), in-8, par *Desrochers*. Superbe.

1509 **HONORIUS** III, son tombeau, par *Greuter*, petit in-fol.

1510 **INNOCENT** VI, son tombeau, lithog. sur Chine. — ***Innocent*** X, in-4, chez *Daret*. — ***Innocent*** XI, in-4, par *Larmessin*. 3 p.

1511 **INNOCENT** XII, in-fol., par *Thomassin*. Très-belle ép. — In-4. — In-4, par *Lochon*. 3 p.

1512 **INNOCENT** XIII, in-4, chez *Masson*. Très-belle ép., marge.

1513 — In-fol., par *J. Frey*. — Monté dessous in-4. — ***Jules*** II. In-8. 3 p.

1514 **LÉON** X, in-fol., par *Lignon*, d'après *Raphaël*. Superbe ép. avant la lettre, marge. — Monté dessous, ovale petit in-4, par *R. Morghen*. 2 p.

1515 **LÉON** XI, petit in-fol., par *Matham*. Très-belle ép., grande marge. — ***Sixte*** V, in-8, par *Pinssio*, marge. 2 p.

1516 **URBAIN** VIII, in-4, par *Mellan*, 1624. — In-4, par *Mellan*, 1631. — Suite de *Daret*. 3p.

1517 Allégorie avec un pape, in fol.

1518 Plan d'Avignon. — Plan de Rome. 2 p. in-fol. coloriées.

1519 Vue de Rome, petit in-fol. en couleur, par Schut, la bordure est doré.

1520 Vue de Rome, in-fol., par *Frommel*, sur Chine.

1521 Palais de la Farnesine. — Chateau Saint-Ange, 2 p. Ecole italienne ancienne, in-fol.

1522 Le Pape va en cérémonie prendre possession du Pontificat dans l'église de Saint-Jean-de-Latran, en 2 feuilles non jointes. Superbe ép., par *B. Picart*.

JÉSUITES

1523 Carte de France avec la désignation des Maisons, Collèges, etc. In-fol. Rare.

1524 B. Ignace de Loyola. — B. François Xavier. — B. Louis de Gonzague. — B. Stanislas Kostka, au milieu, le Christ et IHS. In-fol. Rare.

1525 B. Ignatius Loyola. Author et Fundator Societatis Iesv. In-8, par *Hieronymus Wiezx* Magnifique ép., marge de la plus grande beauté et fraîcheur.

1526 Saint Ignace de Loyola, in-fol., par *Vallet*. — Monté dessous grand in-4. 2.

1527 Saint Ignae de Loyola, in-4, avec feuille de texte. I général de l'ordre.

1528 R. P. Jacobus Lainé, 2e général, in-4, avec texte.

1529 Jacobus Laynez Almazanus, 2e général, in-8, par *Wierix* ? Superbe ép., sans marge.

1530 S. François Borgia, 3e général, in-4, avec texte. — Montés dessous in-8, par *J. Barbé*. Superbe ép. de la collection Camberlyn. — Par *Desrochers*, superbe. 3 p.

1531 EVERARDUS MERCURIANUS, 4ᵉ général, in-8, par *Wierix*. Très-belle ép., sans marge. — Ovale in-8, de la plus grande finesse. Superbe ép. 2 p.

1532 R. P. EVERARDUS MERCURIANUS, 4ᵉ général, in-4 avec texte.

1533 R. P. CLAUDE AQUAVIVA, 5ᵉ général, in-4 avec texte.

1534 R. P. MUTIUS VITELLESCUS, 6ᵉ général, in-4 avec texte.

1535 R. P. VINCENT CARAFA, 7ᵉ général, in-4 avec texte. — Autre in-4. 2 p.

1536 R. P. FRANÇOIS PICCOLOMINEUS, 8ᵉ général, in-4 avec texte.

1537 R. P. ALEXANDER GOTTIEREDUS, 9ᵉ général, in-4 avec texte.

1538 R. P. GOSWINUS NICKEL, 10ᵉ général, in-4 avec texte.

1539 R. P. JOANNES PAULUS OLIVA, 11ᵉ général, in-4 avec texte.

1540 R. P. CAROLUS DE NOYELLE, 12ᵉ général, in-4 avec texte. — Monté dessous in-4, par *Gantrel*. 2 p.

1541 R. P. TRYRSUS GONZALEZ, 13ᵉ général, in-4 et texte.

1542 R. P. MICHAEL ANGELUS TAMBURINUS, 14ᵉ général, in-4 et texte.

1543 R. P. FRANCISCUS RETZ, 15ᵉ général, in-4 avec texte.

1544 R. P. IGNATIUS VICECOMES MEDIOLANENSIS, 16ᵉ général, in-4 avec texte.

1545 R. P. Aloysius Centurionus, 17e général, in-4 avec texte.

1546 **BELLARMIN** (Robert). In-12 par *Wierix*. Superbe.

1547 **BERCHMANS** (Joannes), par *Mallery*. — Ovale équarri. 2 p. in-12 de la collection Camberlyn. Superbes.

1548 **BINET** (Etienne). In-4, par *M. Lasne*. Très-belle ép.

1549 **BISTHOVEN** (J.-B. de). Petit in-fol., d'ap. *Van Dyck*, par *Lommelin*. Très-belle ép.

1550 **BOUHOURS** (le père). In-4. Belle ép.

1551 **BOURDALOUE**. In-12, par *Saint-Aubin*. — Jean **Busée**, in-8, par *Desrochers*, 2 p. Superbes.

1552 **CANISIUS** (Pierre). In-8, par *H. Wierix*. Superbe ép. de la collection Camberlyn.

1553 — In-fol., dans son cabinet, son chien veut mordre deux hommes qui sont à terre, par *P. Pontius*. Très-belle ép.

1554 **CAUSSIN** (Nicolas). In-fol. par *M. Lasne*. Superbe ép., marge. — Monté dessous in-4, par *Clouwet*. 2 p.

1555 **CLAVIUS** (Christophe). In-fol., par *Fr Villamena*. Très-belle ép.

1556 **COTTON** (le père). Fac-simile du dessin dans la collect. de M. le duc d'Aumale. — Monté dessous in-8, par *Gaillard*. Très-belle ép., marge. 2 p.

1557 **CRASSET** (Jean). Grand in-4, par *Bazin*, d'ap. *Du Mée*. Superbe ép., marge.

1558 **DU BUC** (Alexis). In-fol., par *Trouvain*, d'ap. *Simon*. Superbe ép., marge.

1559 **GAILLARD** (Honoré), in-8, par *Desrochers*. Superbe.

1560 **GARNIER** (Jean). Petit in-fol., par *Gantrel*. — In-8, par *Desrochers*. 2 p. Très-belles.

1561 **GONZAGUE** (Louis de), par *H. Wierix*. In-8. Magnifique ép., marge. — In-12, par *Barbé*. Superbe. 2 p. de la collect. Camberlyn.

1562 **HAYNEUVE** (Julien). In-8, chez Odieuvre. Belle ép., grande marge.

1563 **KIRCHERUS** (Athanasius). Petit in-4, par *Bloemaert*.

1564 **LA CHAISE** (Fr. de). In-fol., par *Gantrel*. Montés dessous in-4. — In-8, par *Pinsio*. — In-12. 4 p.

1565 — En pied, chez *Trouvain*. — Montés dessous in-8, par *Pinsio*. 2 p.

1566 **LAURENTIUS** (Petrus). In-4, par *Zylvelt*. Rare.

1567 **LE MOYNE** (Pierre). In-fol., par *Poilly*, d'ap. *Champagne*. Superbe.

1568 **LENFANT** (Al. Ch. A.). In-8, par *Dien*. Marge.

1569 **LESSIUS** (Léonard). In-fol., en pied assis dans son cabinet, par *Bolswert*. Très-belle ép.

1570 — Petit in-fol., par *Galle*. — Monté dessous, par *Desrochers*. 2 p. très-belles.

1571 **LE TELLIER** (Michel). In-12, remargé.

1572 **MAIMBOURG** (Louis). In-4, par *Habert*. Très-belle.

1573 — La planche coupée en ovale intercalée dans un encadrement in-4. — Monté dessous in-8, par *Ficquet*. 2 p.

1574 — Pour titre de l'histoire du Pontificat de Saint-Léon, in-4, par *Simonneau*.

1575 **MENESTRIER** (Cl.-Fr.), par *Trouvain*. In-fol. d'ap. *Simon*. Très-belle ép.

1576 **MOLINA**. Planche coupée en ovale et intercalée dans un encadrement. — Monté dessous autre. 2 p. in-4 montées en dessin.

1577 **MOLINA** (Pierre). In-4. Superbe ép., marge.

1578 **PETAU** (Denis). Petit in-fol., par *J. Lubin*. In-4, par *M. Lasne*. — Le même réduit pour Odieuvre. 3 p.

1579 **PONTE** (Louis de). In-4, par *L. Moreau*. Très-belle.

1580 **REGIS** (S. Jean François). In-8, par *Dupin*. Très-belle ép. marge.

1581 **RIBADENEIRA** (Petrus). Petit in-4, *Th. Galle*.

1582 **RODRIGUEZ** (Alphonse), par *Valdor*. In-12. Très-belle ép., sans marge. Rare.

1583 **SANADON** (Noël-Étienne), né à Rouen, in-8, par *Schmidt*. Très-belle ép. marge.

1584 **SIRMONDUS** (Jacobus). In-fol., par *Vermeulen*. Superbe ép., marge.

1585 — Petit in-fol. par *J. Lubin*. Très-belle ép., marge.

1586 **SUAREZ** (François), pour titre de ses œuvres, petit in-fol.

1587 **TOLLENARIO** (Joanni). Petit in-fol., par *Neeffs*.

1588 **TOURMENINE**. Fac-simile du dessin dans la collect. de M. le duc d'Aumale.

JANSÉNISTES

1589 Les premiers défenseurs de l'Église contre la Constitution Unigenitus. G. Rousse. — F. de Paris. — P. Quesnel. — P. de Langle. — Barckman. — P. de la Broue. — C.-J. Colbert. — Desangins. — Soanen. 9 petits portraits gravés sur la même planche. In-fol. Très-rare.

1590 Les Appellans. P. de la Broue. — J. Soanen. Ch.-J. Colbert. — R. de Langle. In-fol., par *Ficquet*.

1591 **ALBIZI** (A.-D. Simon d'). In-4, par *Pitau*. Belle ép., marge.

1592 **ARNAULD** (Antoine). In-fol., à mi-corps, par *Edelinck*. Superbe ép., marge.

1593 — Petit in-fol., par *Simonneau*. — Montés dessous in-8, par *Dupin*, avec l'adresse et l'adresse effacée. 3 p.

1594 **ARNAULD** d'Andilli (Robert). In-fol., par *Morin*. Superbe ép.

1595 — Petit in-fol., par *J. Lubin*. Belle ép. marge.

1596 **ARNAULD** (Henri), évêque d'Angers, in-fol. par *Poilly*. Superbe.

1597 — In-4, par Madeleine *Masson*. — Monté dessous in-8, par *Desrochers*. 2 p. Très-belles ép., marge.

1598 **ARNAULD** (Simon). In-4, par *Larmessin*. — In-8, chez Daumont. 2 p.

1599 **COLBERT** (Ch.-Joachim). — Monté dessous, d'ap. *Raoux*. 2 p. in-4.

1600 — Entouré des titres de ses ouvrages sur les feuilles de palmes. — Monté dessous ovale équarri. 2 p. in-4.

1601 **JANSENIUS**, de *Morin*, la planche coupée en ovale et intercalée dans un entourage. — Monté dessous de profil à gauche. 2 p. in-4, montées en dessin.

1602 — In-4, par *Habert*. Très-belle ép., marge.

1603 **JONCOUX** (Fr. Marguerite de), né à Paris, in-4, par *Pitau*.

1604 **LA BROUE** (Pierre de), évêque de Mirepoix. Grand in-fol, par *Tournelle* d'ap. *Rigaud*. — Monté dessous in-4. 2 p. Très-belles.

1605 — In-4, chez *Desrochers*. Très-belle ép., marge.

1606 **LANGLE** (Pierre de), évêque de Boulogne, grand in-fol., par *Tardieu*. — In-4. — In-4. 3 p.

1607 **LE MAISTRE** (Antoine). Petit in-fol., par *Simonneau*, d'ap. *Champagne*. Superbe.

1608 — Petit in-fol., par *J. Lubin*. Très-belle ép., marge.

1609 **LE MAISTRE DE SACY** (Isaac Louis). In-4, par *Habert*. — In-8, toute marge. 2 p.

1610 **LENAIN DE TILLEMONT**. Petit in-fol., par *Edelinck*. — Monté dessous in-8, par *Gaillard*. — In-4, par *Simonneau*. 3 p.

1611 **NICOLE** (Pierre). In-4. — Monté dessous in-8, par *Dupin*. 2 p.

1612 — Petit in-fol., sanguine par *François*. — Monté dessous in-8, par *Dupin*. 2 p.

1613 **NIEUPORT** (Fr.-Etienne de), né à Paris, guéri par le Saint-Sacrement, petit in-fol. par *Chenu*. Très-belle ép., marge, monté en dessin.

1614 — A genoux devant l'autel, petit in-fol., d'ap. *Queverdo*.

1615 **NIVELLE** (Gabriel-Nicolas). In-fol. Superbe ép., marge, monté en dessin.

1616 **PETITPIED** (Nicolas). Petit in-fol., chez *Desrochers*. Superbe ép., marge.

1617 **QUESNEL** (Pasquier). In-fol. — Montés dessous in-8, par *Bortemels*, avec adresse et adresse effacée. 3 p.

1618 — In-4, chez *Regnault*. — Entouré des titres de ses ouvrages. — Chez Desrochers. 3 p. in-4.

1619 **SAINT-CYRAN** (Abbé de), de *Morin*, la planche coupée en ovale et intercalée dans un entourage, petit in-fol.

1620 **SINGLIN** (Antoine de). Petit in-fol., par *Wille*, d'ap. *Ph. de Champagne*. Très-belle ép., marge.

1621 **SOANEN** (Jean). In-4, par *Tardieu*. — Entouré des titres de ses ouvrages. 2 p. in-4.

1622 **VUITASSE** (Charles). Petit in-fol., par *Colleri*. Superbe ép., marge.

RÉFORMATEURS

1623 **AUBERTIN** (Edme), par *Desrochers* et *Moncornet*. 2 p. in-8. Très-belles ép., marge.

1624 **BEZE** (Théodore de). In-fol., dans son cabinet. — In-8, ovale équarri. — *Hondius*. 3 p.

1625 **BLONDEL** (David). Petit in-fol., par *Duflos*. — Monté dessous in-8, par *Desrochers*. 2 p. Très-belles.

1626 **BOCHART** (Samuel), né à Rouen, in-8, par *Desrochers*. Superbe.

1627 **BUCER** (Martin). Petit in-fol., par *Valk*, d'ap. *Vander Werff*. — Petit in-4, *Hondius*. 2 p.

1628 **CALVIN**. Fac-simile du dessin dans la collect. de M. le duc d'Aumale. — Monté dessous petit in-4, par *Conquy*. Toute marge, pour la Gal. de Versailles. 2 p.

1629 **CALVIN**. In-8, de profil à gauche, avec quatre scènes dans les angles autour de l'ovale, imp. sur texte. grand in-fol. des quatre parties de la Secte, en 1611, les Puritains, les Protestants, les Brounistes, les Arministes. Très-curieux et rare. — Monté dessous in-8 par *Wœriot*. Collect. R. Dumenil. Très-rare, — Petit in-4, *Hondius*. 3 p.

1630 — Grand in-4. — Monté dessous in-8, par *Desrochers*. 2 p. Très-belles.

1631 — In-fol., par *Fr. Muller*, d'ap. *Holbein*. Sur Chine. Superbe.

1632 **CAMPANELLA** (Thomas). In-8, par *Moncornet*. Superbe ép., marge.

1633 **CLAUDE** (Jean), par *Dupin*. — Par *Desrochers*. 2 p. in-8.

1634 **COQUEREL** (Aihanase). Lithog. in-fol., par *M. Alophe*.

1635 **DAILLÉ** (Jean). In-4, par *Lombart*. — In-8, par *Dupin*. 2 p. très-belles.

1636 **DU BOSC**. In-8, par *Schmidt*, avec l'adresse et l'adresse effacée. 2 p. Très-belles.

1637 **JEROME** de Prague, in-8, par *Desrochers*. — Petit in-4. *Hondius*. 2 p.

1638 **LUTHER** (Martin). In-4. — Monté dessous in-8. 2 p. montées en dessin.

1639 — In-fol., par *Fr. Muller*, d'après Lucas *Cranach*. Superbe.

1640 — Cathédrale de Worms, 2 vues différentes, lithog. petit in-fol. sur Chine.

1641 — Catherine de Bohren, fac-simile du dessin dans la collect. de M. le duc d'Aumale. — Monté dessous. **Luther**, petit in-4. *Hondius*. 2 p.

1642 **MELANCHTON**. In-4 en couleur, par *Bocquet*, d'après *Holbein*. — In-8, par *Desrochers*. — Petit in-4, *Hondius*. 3 p.

1643 **MUNCER** (Thomas). — Bernardin **Ochin**. 2 p. in-8, par *Desrochers*. Superbes.

1644 **ŒCOLAMPADE** (Jean), par *Desrochers.* In-8. — Petit in-4, *Hondius.* 2 p.

1645 **SAVONAROLE** (Jérôme). In-8. Superbe, toute marge. — Petit in-4, *Hondius.*

1646 **Réformateurs.** Suite d'*Hondius.* 38 portraits. Titre et système solaire. En tout, 40 p. petit in-4,

CÉLÉBRITÉS DIVERSES

1647 **AUBUSSON** (Pierre d'). Ovale in-4 en couleur, d'ap. *Sergent.* — Levée du siége de Rhodes. In-4 en couleur, par *Moret.* — Monté dessous, en pied. In-4, par *Gantrel.* 3 p.

1648 **BOUCICAULT** (Jean). In-fol. en pied, de la Galerie Cardinale.

1649 **BOURBON** (Elisabeth de). Madame, fille unique du roi Henri IV, enfant, caressant un perroquet. In-4, par *Th. de Leu* (R. D. 361). Très-belle ép.

1650 **BOURBON** (Henri de) Condé, 11e du nom. In-8, par *Gaillard,* avec l'adresse et l'adresse effacée. 2 p.

1651 **BOURGOGNE** (Jean-sans-Peur, duc de). Fac-simile du dessin dans la collect. de M. le duc d'Aumale.

1652 **BUCKINGHAM** (Henri Stafford, duc de). In-fol., par *Houbraken.*

1653 **CHABANNES** (Antoine de), comte de Dammartin. In-8, par *Ficquet,* avec l'adresse et l'adresse effacée. 2 p.

1654 **CHATILLON** (Scévole de). En pied. In-fol. de la Galerie Cardinale.

1655 **CLEVES** (Philippe de), s^r de Ravestein. Fac-simile du dessin dans la collect. de M. le duc d'Aumale.

1656 **CLISSON** (Olivier de), en pied. In-fol. de la Galerie Cardinale.

1657 **DANTE.** Sur le titre de la Comédie. In-8, par *Thomas de Leu.* Très-belle ép.

1658 **DENIS** (Marguerite-Claude), née de Foissy, profil à droite. In-4, sanguine, par *François.* Superbe.

1659 **DES URSINS** (Guillaume-Jouvenel). — — *Du Chatel* (Tanegui). 4 p. in-8, par *François*, avec [illegible] l'adresse effacée.

1660 **DU FRESNE** du Cange. Petit in-fol. pour les Grands Hommes de Perrault. Superbe ép., marge.

1661 **DU GUESCLIN.** In-fol. en pied de la Galerie Cardinale.

1662 **DUGUET** (Claude). Signé *P. Mariette*, 1680. In-4. Superbe.

1663 **DUGUET** (Jacques-Joseph). Petit in-fol., par *François*, sanguine. — Monté dessous. In-8, par *Ravenet.* 2 p. très-belles.

1664 **DUPATY** (Ch.-Marg.-J.-B.). In-4, par *Gaucher*, d'ap. *Notté.* Très-belle ép.

1665 **DUPLEIX** (J.-F. marquis). Ovale in-4 en couleur. — Levée du siége de Pondichéry. 2 p. in-4 en couleur de *Sergent,* montées en dessin.

1666 **FOLARD** (Charles de). Ovale in-4 en couleur, par *Sergent*. — Donnant des leçons au comte de Saxe. In-4 en couleur par *Moret*. 2 p. Très-belles ép.

1667 **FOURIER** (Ch.). Lithog. in-fol.

1668 **FURTADO** de la Gironde. In-4, par *Ruotte*.

1669 **GONDY** (Albert de), duc de Retz. Fac-simile du dessin dans la collect. de M. le duc d'Aumale.

1670 **JAUBERT**. In-8, par Bosselman, ayant et avec la lettre sur Chine. Très-grande marge. 2 p.

1671 **JOLY DE FLEURY**. In-4, par *Voyez* maj., d'ap. de *Lorraine*.

1672 **KEMPIS** (Thamas de), ad vivum, en pied. Grand in-fol., d'ap. *A. Bloemaert*. Très-belle ép.

1673 **LA TRIMOUILLE** (Louis de), en pied. In-fol. de la galerie Cardinale.

1674 **LAW**. In-fol. par *J. Langlois*, d'ap. *Hubert*.

1675 — (Jean). En pied. Petit in-fol. par *Léon Schenk*.

1676 — In-8, dans un entourage grotesque. In-fol.

1677 — In-8, dans la Chaudière des actions. — Le même au trait, contre-partie dirigée à gauche. 2 p.

1678 — Petit médaillon au-dessus de Het Thuilleries Hof, et au-dessous Quinquempoix et autres scènes allégoriques. Belle pièce in-fol.

1679 — Quinqu-Ampoix. Sa tête dessous la Folie Scènes et allégories. In-fol., marge. Belle pièce.

1680 — Atlas, Actieux, allégorie. In-fol. Belle pièce.

1681 — La Fortune des actions. In-fol., par *B. Picart.* Superbe ép., marge.

1682 — La même, avec le Vieux aux pieds de la Belle qui pleure et avec les champignons par terre. Superbe ép., marge.

1683 — Rue Quinquempoix en 1720. In-fol., par *Humblot.* Très-belle ép., marge.

1684 — Dix-huit Scènes de Saltimbanques, de A à S, allégories de Cartouche, etc. Belle pièce in-fol., marge.

1685 **LE CAUCHOIS** (Pierre-Noël). In-8, par *Cathelin.* Superbe ép., grande marge.

1686 **LE GAGNEUR** (Guillaume). In-8, d'ap. *Dumoustier.* Belle ép.

1687 **LEGOUZ-MORIN.** Monument funèbre de son épouse, morte à 25 ans. Riche décoration d'architecture. In-fol., par *Thomassin,* d'ap. *Masson.* Le portrait est soutenu par des figures allégoriques.

1688 **LE GRAND DELALEU** (L.-Aug.). In-4, par *Choffard,* d'ap. *Notté.* Très-belle ép.

1689 **LE NOIR** (J.-Ch.-P.), lieutenant de police. Petit in-fol., par *Scévole.*

1690 **LE TOURNEUR** (P.-P.-F.). Petit in-4, par *Lingée,* d'ap. *Pujos.* Superbe.

1691 **LE GENDRE** (Louis), historiographe. — **Lenglet** du Fresnoy, né à Paris, par *Tardieu*. — **Le Noble**, par *Desrochers*. — 3 p. in-8. Comte de **Ligneville**. In-4, par *Vangelisty*. En tout 4 p. Très-belles ép., marge.

1692 **LORRAINE** (Pompe funèbre du duc de), par *Claude de la Ruelle*. 5 p. très-importantes. Tabula 3, 4, 5, 10, et la Chapelle ardente. Très-belles ép.

1693 **LORRAYNE** (Hanry de), marquis du Pont. In-4, par *Thomas de Leu*. Superbe.

1694 **LVILLIER** (Iehan), Conseiller Destat, Président des comptes, Prévost des marchans, 1594. In-4, par *Thomas de Leu*. Très-belle ép., sans marge, rare.

1695 **MAISTRE** (Xavier de). In-12, eau-forte, par Courtry, sur Chine volant. Superbe.

1696 **MARIE-ANTOINETTE**. In-8, gravure anglaise avant toute lettre sur Chine, toute marge. Superbe.

1697 **MORNY** (Le comte de). In-4, par *Audibran*, sur Chine. Très-belle ép.

1698 **ORANGE** (Marie), fille de Charles Ier d'Angleterre, mère de Guillaume III, prince d'Orange. In-4.

1699 — Marie de Nassau. In-fol., par *Corn. Vischer*.

1700 — Henriette-Catherine. In-fol., par *Corn. Vischer*.

1701 **ORLÉANS**, duchesse de Longueville, et ses fils, entourés de figures allégoriques. Frontispice. PALATIVM REGINÆ ELOQUENTIÆ. In-fol., par *Huret*. Très-belle ép.

1703 **ORLÉANS** (H. d'), duc de Longueville. Grand in-8, par *L. Gaultier*. Très-belle ép., marge.

1704 **ORLÉANS** (Louis-Philippe-Joseph duc d') Egalité, rond en couleur, par *Fiesinger*. In-8.

1705 **SUGER** en pied. In-fol. de la Galerie Cardinale.

1706 **TURENNE**. Fac-simile du dessin dans la collect. de M. le duc d'Aumale. — Petit ovale, par *Ceroni*, d'ap. *Petitot*. Superbe ép. sur Chine, avant toute lettre. 2 p.

PROFESSIONS ET COLLECTIONS DIVERSES

1707 **Acteurs** en pied, en couleur, par *Janinet*, in-8. 11 p.

1708 **Artistes**. Debucourt, Gravelot, Lemonnier et Wille. in-4, par Muller. 5 p.

1709 **Clergé**. La Chaise, l'Epée. etc. 8 p.

1710 **Femmes célèbres**, par Adam, Desrochés, Mellan, etc. 5 p.

1711 **Députés** et célébrités de la Révolution, collection Dejabin. 45 p. in-8.

1712 — Collection Bonneville. 40 p. in-8.

1713 — Par Claessens et autres. 16 p. in-8.

1714 — Collection Levachez. 9 p. in-4.

1715 — De la Révolution, d'ap. *Raffet*. 11 p. in-8.

1716 **Littérateurs**. Anciens et modernes. 30 p.

1717 **Maréchaux**, Mac-Mahon, in-fol., à mi-corps, par Metzmacher. Superbe ép. sur Chine, avant la lettre. — In-fol. lithog. sur Chine. 2 p.

1718 — Regnauld de Saint-Jean-d'Angely. — De Saint-Arnaud. — Général Trochu. 3 p. in-fol. lithog.

1719 **Marins** Forbin in-8. — La Bourdonnais in-4. — Le chev. de la Roche Saint-André, grand in-8. — 3 p.

1720 **Anonymes**. Portraits la plupart avant toute lettre. 14 p. Superbes (Seront divisés).

1721 **Daret** (Collection). Célébrités diverses. 15 p.

1722 **Desrochers**. Clergé et autres. 10 p. in-8.

1723 **Galerie de Versailles**, Maréchaux en pied, 10 p., toute marge, grand format.

1724 — Portraits en buste et en pied, petit format. 36 p.

1725 **Larmessin** (Collection). Célébrités diverses. 15 p.

1726 **Moncornet** (suite de). Célébrités diverses. 7 p. in-8. Très-belles ép., marge.

1727 **Morghen** (Raphaël). Gaetano Filangieri, in-4. — Carlo Goldoni, ovale in-8. 2 p.

1728 **Odieuvre** (Collection d'), diverses Célébrités. 56 p. in-8, avec l'adresse et l'adresse effacée.

1729 **Saint-Aubin**, Condé et Corneille, lettre grise et autres. 9 p.

1730 **Tardieu** (Collection Ambroise). Généraux et orateurs à claire-voie. 29 p. in-8.

1731 — Députés, Pairs de France, etc. 114 p. ovales in-8.

1732 **Vasari**. Portraits d'artistes, petit in-4, publiés en Italie. 290 p., toute marge. 20

1733 **Expédition d'Egypte.** Portraits à l'eau-forte in-8, par Dutertre. 121 p. 3

1734 **Célébrités diverses.** Anciennes et modernes. 38 p. 5

1735 **Portraits** in-4, suite de Vangelisty et autres. 18 p. 2 50

1736 **Ecole Flamande.** Les Saisons. 4 p. in-fol. 7

1737 **Ecole Française.** Puer parvulus de Leclerc, 2 p. différentes, avec le petit enfant. — Avec le jeune berger. Très-belles ép. 2

1738 **Portefeuilles** de la collection avec bavettes, boucles et courroies, très-beaux et très-bons.

Perreau 40 pour 4 portef. — P. Arbaud 9 1 portef. — Lemarie 3 portef. — De Bourges — Cusco — Borel 2

Perreau	4 Portefeuille	3 Bon	23	Vig
P. Arbaud	1 Portefeuille	3 M	17	
	3 portefeuille	2	11	
Bourges	4 portefeuille	1	5 50	Vig
	5 portefeuille	1	5 50	
Borel	2 Portefeuille			

185. 206. 253. 277. 281 — 6 pièces 1. 50

191. 317. 330. 400. 477 — 6 pièces 3. 50

15 portraits Institut Bailly 5. 50

15 — 2. 50

24 — Tardieu 9. 50

11 — 7. 50

7 — 4. 50

10 — 2.

634 Bailly	1165. 2 Tardieu	1469. 1
1017 Institut	1203. 1	1548. 1
1066	1213. 3	1555. 1
1071	1214. 1	1591. 1
1075	1270. 2	1616. 1
1098	1273. 1	1625. 2
1166	1284. 3	7 p. 4. 50
1169	1294. 2	1627. 2
1186	1318. 1	1637. 2
1188	1335. 1	1650. 2
1202	1387. 2	1651. 1
1215	1427. 5	1668. 1
1225	24 9. 50	1669. 1
1230	1059. 1	1671. 1
1238. 15 p. 5. 50	1227. 1	10 2
1273. 3.	1270. 1	
1276. 2	1279. 1	
1279. 1	1384. 1	
1284. 2	1392. 1	
1293. 1	1419. 2	
1336. 2	1433. 1	
1350. 1	1435. 1	
1407. 1	1439. 1	
1443. 1	11 7. 50	
1460. 1		

TABLE

Vve Renou, Maulde et Cock, imprs de la Cie des Commissaires-Priseurs, rue de Rivoli, 144. 4170

www.ingramcontent.com/pod-product-compliance
Lightning Source LLC
LaVergne TN
LVHW010607110826
845149LV00003B/803

* 9 7 8 2 3 2 9 0 6 8 6 5 7 *